年轻人成大事必备枕边书

拒绝社恐

主　编：吕叔春
副主编：方　扬　清　音　马贝雷
编　委：白　鲁　杨金刚　李志强　尧玉米
罗鲜英　游国军　方敏根　王　伟

华龄出版社
HUALING PRESS

图书在版编目（CIP）数据

拒绝社恐 / 吕叔春编著. -- 北京：华龄出版社，2025. 3. -- ISBN 978-7-5169-2934-6

Ⅰ. C912.11-49

中国国家版本馆CIP数据核字第2025VV6630号

责任编辑	梁玉刚	**责任印制**	李未圻
责任校对	张春燕	**装帧设计**	东方美迪

书　名	拒绝社恐	**作　者**	吕叔春
出　版 发　行	华龄出版社 HUALING PRESS		
社　址	北京市东城区安定门外大街甲57号	**邮　编**	100011
发　行	（010）58122255	**传　真**	（010）84049572
承　印	三河市华晨印务有限公司		
版　次	2025 年 3 月第 1 版	**印　次**	2025 年 3 月第 1 次印刷
规　格	710mm × 1000mm	**开　本**	1/16
印　张	13.25	**字　数**	122千字
书　号	978-7-5169-2934-6		
定　价	52.00元		

前 言

“社恐”就是社交恐惧症，亦称为社交焦虑障碍，属于神经症范畴的一种特殊问题。其主要症状表现为对特定客观事物或环境的过度恐惧感，这种恐惧感往往是不合逻辑的。据相关统计数据显示，社交恐惧症终身发病率高达 13.3%，发病年龄多集中在 25 ~ 44 岁的成年人群中，其中女性患者数量多于男性。该病症的进程通常迁延不愈，有慢性发展的趋势，病程越长，预后越不乐观。因此对于此类病症，我们应给予足够的重视。

社交焦虑核心是对小团体审视的恐惧，他人注视即有不适感，或出现脸红、尿急等症状，严重者或致孤立，此症不具有传染性。但近几年来，“社恐”变成了当下年轻人的“集体病”。

在日常工作中，我们是否有过这样的体验：面对融入同事这个小圈子时，心中满是迷茫与无助，想要伸出援手，却不知从何做起，如何与上司建立良好的关系，在与客户交流时，如何运用高情商进行沟通，最令人害怕的是，自己开口后，场面突然陷入尴尬的寂静。内心深处最大的愿望，不过是在自己的小隔间里，安安静静地做好自己的工作。

拒绝社恐

我们总是自我怀疑，觉得自己不够优秀，似乎只有谨小慎微、步步为营才能避免出错。在社交场合，我们总是提心吊胆，生怕自己出洋相，担心自己不够完美，害怕别人投来异样的目光。有人将这种状态称为“社交恐惧症”，但实际上，这只是一种对自我认知的偏差罢了。

“社恐”的形成可能与童年经历、家庭环境、教育方式等因素有关。 但大多数的“社恐”是可以通过努力来改变的，我们要学会给自己自信，摆脱对社交的恐惧。

有句话说得好：“当你真心爱上某样事物时，你会觉得失去它便无法生存。”你之所以在社交场合感到恐惧，正是因为你未曾真正喜爱过它，因而无法享受其带来的乐趣，这便导致了你对社交的畏惧。实际上，没有人天生热衷于社交，都是通过后天的环境和经历，逐步克服这种恐惧。因此，我们需要学会自我肯定，认真思考自身的优点，回味那些做得很出色的事情。只要你找到一件自己热爱的事情，让它成为生活的一部分，社交的恐惧自然就会烟消云散。

同时，我们勿将交际视为生活的唯一，留出自我放松的时光。运动可减缓压力，听歌观影亦佳。运动促使多巴胺分泌，带来愉悦。紧张焦虑时，深呼吸可助放松。勿过度关注他人眼光，保留个人空间。人生百态，难讨所有人喜欢。面对困境，忽略外界看法，自我调节，活出真我。

在这个世界上，无论你出生在怎样的家庭，拥有怎样的才华，如果你无法克服社交恐惧，始终徘徊在社交的阴影下，再光鲜的背景也会被掩盖。社交恐惧，不仅是一个心理挑战，更是一种限制。要想在社会生活中取得成功，必须学会摆脱这种恐惧，勇敢地面对人际交往中的一切。

从“社恐”到“社牛”，需要勇气和智慧。我们生活在复杂而多元的社会中，关系网错综复杂，不再是简单的善恶对立，也不是你我之间的直白交流。如何在这个交织着机遇与挑战的世界中从容应对，成为每个人必须面对的难题。

本书从认识“社恐”、正确认识自己、社交技巧训练、行为疗法、家庭关心、预防康复等方面入手，深入浅出地让有“社恐”的人脱离苦海。

我们将深入探讨社交恐惧的各个层面，从自我认知到实践技巧，力求帮助读者逐步走出“社恐”的阴霾，迎接更加光明的人际关系。只要你愿意尝试，愿意付出努力，就一定能在社交的舞台上，绽放出属于自己的光彩。

如果你准备迎接挑战，改变人际关系，实现真正的自我超越，就从改变“社恐”开始吧！

目录

CONTENTS

第一章
"社恐"，真的会害人

公共场合如芒在背，社交场合沉默不语。"社恐"，真的会害人？答案是肯定的。"社恐"就像一种隐形病毒，侵蚀着社会的互动和信任，导致孤立和抑郁的增加。这不仅是个人的困境，更是社会的隐患。

要想打破这一枷锁，就要正确认识"社恐"，勇敢面对"社恐"，了解"社恐"。

第二章
调整心态，别人怎么说我不理

如果说"社畜"是为了生存而战，那"社恐"则是在与整个嘈杂的外界为敌。但决定一个人心情的，不在于环境，而在于心境。

看庭前花开花落，望天上云卷云舒，不管别人怎么说，你都要淡定看待。

第三章 不要有社交堡垒，建立你的人脉圈

所谓人脉，不在于你认识谁，而在于谁认识你。

每个人都不是个体，都要与人打交道，如果一直困在固定的社交堡垒中，既没有退路，也没有出路，只能阻在死路上，哀叹绝路。

而打破自我设限，主动拓展社交圈，与不同的人交流与合作，便能打开人脉的大门。

第四章 一个好汉三个帮——拒绝社恐有“良方”

荷花虽好，也要绿叶扶。一个篱笆三个桩，一个好汉三个帮。

个人的能力是很单薄有限的，孤独可以使人能干，也可以使人笨拙，更何况，“社恐”从来不是一个人就能对抗的。朋友、家人、知己、医生，甚至陌生人，都可以成为你克服“社恐”的“良药”。

第五章
主动沟通，打开那扇关闭的门

人生两大憾事：

一种是脑海里有梦，但拖着不做；

另一种是心底里有话，但憋着不说。

所有的喜剧都有着悲剧内核，一路闭嘴，至死都不把窗户纸戳破，那是悲剧。

主动沟通需要智慧，更需要勇气，学会主动沟通，是每个成年人的必修课。

它的价值在于：为你一次次扫荡掉不利于目标达成的心魔。

第六章

多参加社交活动——要去外面看世界

社恐者觉得做不到就什么都不做，宅在家里，让自己更加“社恐”。

社恐不丢脸，而没有勇气走出狭窄空间，不敢去面对社会，才会显得格格不入。

大胆走出去，多运动，多跟人交流，多参加社交活动，大部分人都不会嘲笑你，相反，还有人会体谅你、理解你。

第七章

锻炼好口才，学会敢于表达

说话是门艺术，练好口才，你就是人生的导演。
好口才是一把利剑，能助你披荆斩棘，所向披靡。
“会说话的人有糖吃，不会说话的人吃苦头。”
口才好，能提升你的自信和魅力，帮助你战胜社恐！

第八章 你是最棒的——改变派头，提升气质

外表是你的名片，气质是你的标签。
无论走到哪里，外表是你给世界的第一印象。
穿着得体，发型合适，提升自信，你是最棒的，还怕小小“社恐”？

第九章
避免错误的应对策略

由于热切想要躲避过错，我们走进了另一条死胡同，甚至陷入荒谬之中。

人们越是深入而彻底地去探讨一个命题，结果越是不可抗拒地陷入反命题的误区之中。

对于社恐人士而言，“社交”就是他们不可逃避的人生命题，如果一味沉迷于那些看似能带来短暂安慰的应对策略，只能是南辕北辙，适得其反。

第一章

“社恐”，真的会害人

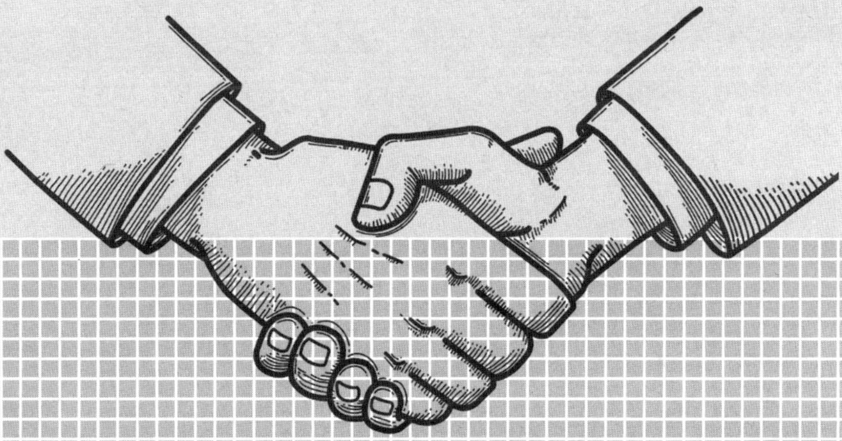

公共场合如芒在背，社交场合沉默不语。“社恐”，真的会害人？答案是肯定的。“社恐”就像一种隐形病毒，侵蚀着社会的互动和信任，导致孤立和抑郁的增加。这不仅是个人的困境，更是社会的隐患。

要想打破这一枷锁，就要正确认识“社恐”，勇敢面对“社恐”，了解“社恐”。

1 “社恐”，是什么玩意

电梯里遇到同事，人家跟你打招呼，你只知傻笑，却不敢开口说话；与朋友聚会，大家聊得热火朝天，你却不敢参与，安静地躲在角落里刷手机；饭局上，一旦话题转移到你，你害怕、恐慌，要你表个态，你含糊其词、期期艾艾；课堂上，大家争先恐后发言，你却不敢举手，你怕别人看你，怕大家笑你……

你被冠上了“社恐”的标签，你也觉得自己是“社恐一族”。

从此，周末独自在家，看书、追剧，不出门；朋友邀约，你拒绝；好不容易出一趟门，逛个街，看中一件漂亮衣服，你却不敢向店员咨询价格，悄悄走开，漂亮、潇洒皆与你无缘。

“社恐”，“社恐”，我真的“社恐”！

“社恐”是什么玩意？

“社恐”，简单来说，就是社交恐惧症，是一种在社交场合中感到极度不安和恐惧的心理状态。想象一下，在一个有陌生人的派对上，你心跳加速、手心冒汗、脑袋空白，这够不够“社恐”！

事实上，“社恐”不仅仅是害羞、内向。害羞、内向是短暂的，可以稍微克制，而“社恐”是一种长期的、严重的心理障碍。

拒绝社恐

社交场合感到紧张，谁都会有点儿，但“社恐”的紧张远超我们的想象。他们手抖脸红，他们胆怯忘词，他们声音变调，双腿打战，甚至还会紧张到晕倒。

为什么会这样？

“社恐”的人害怕出丑，很在意他人的评价，因为“社恐”，他们极力避免社交活动。

安吉50多岁，她患有“社恐”症，平日门也不出，几乎与世隔绝，偶尔站在家门口，老觉得有人在盯着她，全身发抖，就算鼓起勇气走出大门几步，又想别人看见她，肯定会嘲笑她，想到这些，她感到紧张、心悸，甚至恶心到要吐，只得重回房内，在14平方米的客厅里成日徘徊，徘徊累了，瘫睡在毯子与黑皮沙发中，即使如此，还时常觉得有人在偷窥她，她惴惴不安，她的生活被定格在一个无声的电影中，客厅成了她的世界，黑皮沙发是她的床，毯子是她的被子。窗边的书桌上，散乱地放着她的生活碎片，每一件东西都如同她生活的标记，静静地见证着她与外界的距离，结果，她受不住这生理与心理的双重打击，50岁刚出头，就溘然长逝……

安吉的故事告诉我们，社交恐惧要轻易战胜它不容易，它如同无形的牢笼，阴魂不散，囚禁着患者的心灵。这让我们更能理解，很多人表面上看似正常，内心却隐藏着无法想象的挣扎和痛苦。这种痛苦严重到足以导致个人、家庭、教育、职业等破碎。

试想，一个才华横溢的员工，因为害怕与领导沟通，失去了升职的机会——这多可惜；试想，一对原本郎才女貌的夫妻，因为彼此沉默以对，相互猜忌，结果导致离婚——这多悲剧；试想，一个有着无限创意的创业者，因为不敢面对投资人，而错过了宝贵的融资机会——这多遗憾。

2 广场恐惧症，公共场所不敢走

2017 年 5 月 18 日，美国摇滚歌手克里斯・康奈尔被发现在酒店里自缢身亡，这件事让他的音乐粉丝非常震惊，在后来的调查中显示，克里斯・康奈尔生前有很严重的抑郁症和广场恐惧症。

抑郁症大家都熟悉，那何为广场恐惧症？

广场恐惧症表现为对特定场所或情境的恐惧，包括害怕到如会场、剧院等人多拥挤的场所，害怕使用公交汽车、地铁、飞机等交通工具，害怕单独离家外出，甚至害怕单独留在家里。

患者进入这类场所或处于这种状态便会感到紧张不安，出现明显的头晕、心慌、胸闷、出汗等自主神经反应；严重时可出现人格解体体验或晕厥。由于患者有强烈的害怕、不安全感或痛苦体验，常随之而出现回避行为。

患有广场恐惧症的人对于社交场合避之唯恐不及，甚至看场电影都成问题。因为他们担心自己出现了什么奇怪的症状，比如，惊慌发作、失禁晕倒，很可能无法自行离开。

英国宅女杰玛・希克森，年纪只有 20 岁，在两年前患上了“广场恐惧症”，她不敢走出家门。她在自己的脸书(Facebook)中写道:“我想做一个普通的女孩，想上大学，去电影院，但是我不能。我也曾找过心理医生，尝试过催眠治疗，但都无法帮助我克服走出家门的恐惧症。”

由于她的恐惧症，两年没有出过家门的她无聊的时候只好在家里录制个人翻唱的视频，一个偶然的机会杰玛将自己的视频传上网，没想到却瞬间在网络上大红大紫。

看过杰玛翻唱视频的人都知道，虽然杰玛有心理障碍，但是她唱功一流。杰玛以翻唱碧昂斯、蕾哈娜和布兰妮等大牌明星的歌曲见长，她唱到兴奋时还会大跳热舞。

有人说杰玛在镜头前如此自信，为什么却不敢走出家门？杰玛对于她“广场恐惧症”的质疑也在Facebook上有回答：“镜头不是人，我想我只是对人群十分恐惧。”

而当杰玛得知自己在中国和日本等亚洲地区获得很高的评价时则表示：“非常高兴，粉丝们的支持也许会帮助我治疗恐惧症，走出家门，甚至登上舞台，要知道我最大的愿望就是能够成为一名录音歌手。”

既然“广场恐惧症”是一种心理疾病，又该如何治疗？

首先，需要做一个详细的评估：“很多时候，‘社恐’都处在发展性、适应性阶段，还没有达到疾病程度，先积极地进行自我调整，要学会认识到自己存在这样的问题，产生自我调整的动机。我们可以先从身边的家人、朋友开始增加社交和互动，还可以让自己信任的人陪同自己去加强社交，逐步改善自己的社交能力。”

其次，如果经心理医生诊断确认达到疾病程度，则需要定期接受心理咨询治疗，医生会帮助病人找到真正无法正常社交和恐惧的原因，以及克服的方法，包括一些社交技能的训练，必要时患者需接受药物治疗。

你是否一想到要暴露在人群中就恐慌，一想到要挤地铁就头疼，如果你发现自己有类似的情况，很有可能“广场恐惧症”，你也“中枪”了。

不过，你不用担心。

习惯被鲜花和掌声包围、在镁光灯照耀下闪亮登场的明星，光鲜亮丽的他们也一样跟“广场恐惧症”扯上关系。是不是觉得不可思议？

人的一生不可能一帆风顺，各种生活压力事件都有可能促使“广场恐惧症”的发生。如果你真的患有“广场恐惧症”，切记要战胜自己，摒弃十全十美的“乌托邦”想法，要学会接纳自己，找回在公众场合勇敢表达自己意见的感觉，或许明天，你也能成为明星。

3 广泛性社交恐惧症，让人陷入精神内耗

人生 99% 的痛苦，都源自人际关系。

对于有“社交恐惧”的人，更容易陷入精神内耗，当代人的社交恐惧，没有最强，只有更强。

你在上班的路上，习惯低头，并且走路的速度很快；遇到熟人，你会在心里重复：“看不到我，看不见我。”跟别人打招呼，让你难以启齿，很难为情。

好不容易到了公司，你想要去接杯水喝，遇到同事，手脚无处安放，不知道该不该说话，鼓足勇气说一声“早上好”，但内心却忐忑不安：“我的声音是不是太小了？表情是不是很僵硬？”

领导给你安排工作，你眼神飘移，除了点头就是点头，就算心里有疑问也不敢讲，怕讲话让领导认为你能力低下。饭后，你们突然开了个会，要求每个人畅所欲言，可你根本不知道说些什么，结结巴巴半天后，仿佛听到有人在窃窃私语。

下班回家，你一个人蜷缩在床上，打开手机，开始放空，这时你终于不再紧张兮兮，然而一通电话却打碎了短暂的宁静，一想到要和别人说话，哪怕是接手机，你都感到无比痛苦……

拒绝社恐

广泛性社交恐惧症是一种让人时时刻刻都感到焦虑的心理状态，无论是小事还是大事，只要与人交往，都可能引发严重的紧张和不安。哪怕是小小的错误或尴尬，都会无限放大，不断复盘，并苛责自己做得不够好，觉得全世界都在看自己出丑！

别人眼里稀松平常的一天，广泛性社交恐惧症患者却如一年。它像一张无形的网，将患者的生活紧紧束缚，每一个细节、每一个场景，都可能成为他们焦虑的来源。这种杞人忧天的担忧让他们注意力很难集中，睡眠质量大打折扣，身心疲惫不堪。

如果你害怕的场景有三种以上，你可能变成了一个"社交隐形人"。

广泛性社交恐惧症患者都患有回避型人格障碍。他们行为退缩，心理自卑，一遇到事就想逃跑。他们内心也想获得关注，但不敢付诸行动，于是越来越觉得自己缺乏吸引力，形成恶性循环。

人遇到来自外界的负面评价在所难免，而对抗恐惧最好的办法，就是直面恐惧；打碎你潜意识里"糟糕的内耗"，才能不破不立。

"嘲笑他人者不如人"，适当来点阿 Q 精神——精神胜利法，反而可以缓解紧张和恐惧。每个人都有不足之处，既不要无限夸大别人的优点，也不要随意扩大自己的缺点。不断放大并寻找自己的价值，多鼓励自己，给自己一些积极心理暗示。久而久之，自信感就会增加。

换句话说，别人是否看得起你，不重要；人得自个儿看得起自己。

倘若连你都不接纳自己，不爱自己，别人怎么可能比你还爱你自己呢？

4 特定社交恐惧症，摧毁你的生活

一些平日里开朗大方、夸夸其谈的人，我们感觉，这人够“社牛”的了，事实上，他们也可能患有社交恐惧症！

这怎么可能呢？

我们感到疑惑，因为有一种社交恐惧症，它对特定的情形会感到非常害怕和恐惧。相比广泛性社交恐惧症来说，它所害怕的场景比较少，看似无关大雅，却对工作和生活造成很大的困扰，这就是特定社交恐惧症。

面对家人朋友，甚至陌生人，他都能侃侃而谈，引经据典，但一站在聚光灯下，就浑身虚汗，脸色发白，不敢公开表演，这就是舞台恐惧症。还有的学生，课堂上积极回答问题，基本功相当扎实，可是一到大型考试，却紧张害怕，失误不断，这就是考试恐惧症。

像考试恐惧症、舞台恐惧症、演讲恐惧症，究其根本，都来源于“社恐”心理。即便是最出名的、最熟练的表演家都有可能患病，更别说我们普通人。

有这么一位知名艺术家，她同时包揽了奥斯卡奖、托尼奖、格莱美奖、艾美奖，演艺事业涵盖了百老汇、电视、电影，就连词曲创作、流行乐曲也不在话下，她就是美国著名的歌手与演员芭芭拉·史翠珊。

这个享誉全球的“全才明星”，一度因为“舞台恐惧症”而认为她耍大牌，甚至连续27年都拒绝参加任何长时间的现场表演，原因是1967年芭芭拉在一次表演中忘记歌词，她感到无比尴尬，形成了心理阴影，随后患上了严重的特定社交恐惧症。

歌手李玟，喉咙曾出现病状，一度难以说话，导致十分害怕上舞台表演，曾经想放弃歌唱事业，她在采访中告诉记者，“现在我站在这个舞台，其实需要很大的勇气”。

虽然这种社交恐惧症影响范围小，但稍不注意，完全可能摧毁一个人的事业。李玟就因为无法克服这种恐惧症而患上了抑郁症，最后不幸离世，令她的歌迷悲痛万分。所以说，“社恐”虽小，却也致命！

在公开表演、大型考试时，我们感到紧张、害怕是正常情绪，一旦察觉到自己有这种病症的倾向，并且很恐慌，就要寻求心理医生帮助，找出“病因”。

芭芭拉和李玟就是典型案例，她们刚开始并没有患病，由于特殊经历触发了她们的恐惧心理造成了病因，所以对于患有特定社交恐惧症的人来说，按图索骥，直面内心的恐惧源头，并采取相应的措施来克服，才称得上是生活的勇者。

芭芭拉在意识到自己的心理障碍后，在所有现场表演中都使用了提词器，还排练了歌曲之间的玩笑话和一些串联词，并将它们放在提词器上，在全美巡演了16场演唱会，场场爆满，竟然毫无怯意，最终克服了特定社交恐惧症。

所以，特定社交恐惧症可以通过放松、锻炼自己单独出现在陌生人面前，可以通过演讲、唱歌等活动来克服，退一步说，即便这种恐惧无法克服，也不要自轻自卑，因为人生还有很多可能。

罗伊·奥比森也是一位出色的歌手，他在舞台上表演时会由于过于焦虑而控制不住地颤音，谁能想到这种颤音最后竟成为他标志性的演唱特色。而且为了掩饰怯场，他总是身穿深色衣服，很少在舞台上走动，这反而塑造了他神秘的形象。

你看，即使是世界上那些最有经验、最出色的表演者，都曾经紧张地挣扎，与内心的恐惧斗争。其实“社恐”本身没什么好怕的，但因恐惧而惊慌失措、失去自我才是最让人恐惧的事。

5 社交恐惧症的症状与表现

“感到异常惊恐，手脚发麻、呼吸困难，感觉他们都在背后说我，说我怎么会这样。”

社交恐惧症的最大表现，就是这种强烈的恐惧与焦虑情绪。有的人能极力克制，但有的人直接晕倒，这并不夸张。前几年，就有29岁博士因“社恐”一个月叫了两次救护车，并且还上了热搜。

如今一些人在自我介绍时，都喜欢先来一句，我是“社恐”，我是i人（性格内向的人），不管如何，反正先为自己的内向敏感、不善言辞找一个借口，哪怕他们并没有真正的“社交恐惧症”。

漫漫人生，难免会在某个瞬间讨厌社交，回避沟通，在演讲台上发怵，在重要面试时紧张，这种恐惧可以理解，也是可控的。但对于“社恐”患者来说，他们会对社交场合表现出过度的、不合理的恐惧与害怕。

一个57岁的西班牙女子，为了避免和人打招呼，竟然装瞎了足足28年，甚至连她的父母和丈夫也不知道她是装的。还有一个女白领自述，为了少和人接触，坐地铁都只坐人最少的末班车。

作为“社恐”患者，他们会主动去回避社交场合，并且无法自控地脸红、口干、出汗、发抖，心跳也跟着加速，有的甚至呼吸困难，当场晕厥。这种表现容易让他们在生活中遭受他人的议论，糟糕的是，患有社交恐惧症的人又对这些批评和负面评价尤为敏感。

长期离群索居的生活会使我们的情绪变得异常敏感，一些不值一提的小事、话语，甚至别人的表情、眼神，都会使我们内心不安、受伤和痛苦。

我国著名的国画大家齐白石也有“社恐”，早年的齐白石曾经想要拜师王闿运，王闿运听到他的事迹后，也十分愿意收他为弟子。齐白石担心别人说他趋炎附势而犹豫了，以致王闿运觉得他很奇怪，感到他“高傲不像高傲，趋附又不肯趋附”。这种害怕别人负面评价的心理就是典型的社交恐惧症的表现之一。

“社恐”患者由于对社交活动的回避，他们的失业率是正常人的三倍。一个医科大学的毕业生因为害怕在别人的注视下写字，竟然放弃了就业，不敢去当医生。

一个在工厂工作的员工，二十年来沉默寡言，勤勤恳恳，受到领导的关注与表扬。领导因此主动提出要将他升职为车间主任，但他害怕与他人进行交流而谢绝了晋升机会。这种对常人来说无法理解的举动正是“社恐”患者日常经历的，因此，他们的收入比较低，甚至有 22% 的病人需要社会救济。

“社恐”让患者“我不是我”，他们表现得过于顺从，虽然他们内心并不认同你说的话；他们又表现得咄咄逼人，其实是为了掩盖自己的恐惧。为了避免社交接触，他们可能会选择一些不需要频繁互动的工作。男性可能会推迟结婚和成家的计划，而本来内心渴望工作，创建自己一番事业的女性最终选择成为家庭主妇。

其实，患有社交恐惧症的人大多心地善良，诚实守信，有修养、讲礼貌，但因与人交往少，往往被人忽视，遭受冷遇。一旦受到尊重，也容易感到愉快和自信，愿意敞开心扉，倾诉烦恼与困惑。所以，患有“社恐”无须自卑，经过妥善的治疗和锻炼，你也很有可能成为别人眼中侃侃而谈、大放异彩的那种人。

6 社交恐惧症的成因

一次年少时被孤立的经历，让你至今不敢表达自己的想法；讲台上严厉的批评，让你无法当众说话；父母从小的打压，让你只会附和他人……

如果认为社交恐惧症只是简单的内向，那是对“社恐”的误解，社交恐惧症的成因是复杂的、多方面的。如果你不了解“社恐”原因强迫他们去社交，就如同让一个恐高症患者去跳楼。

想要克服这种恐惧，就要弄清社交恐惧症的成因，了解问题的根源有助于找到解决的办法。结合各个领域的研究，我们可以将社交恐惧症的成因总结为以下几个方面。

一、遗传因素。龙生龙，凤生凤，老鼠的儿子会打洞，社交恐惧症具有一定的遗传倾向。如果你的父母中有人患有社交恐惧症，你患病的概率很大。就像遗传了爸妈的眼睛颜色或身高一样，社交恐惧症也可能是家族遗传的一部分。

二、生理因素。生理因素可能是社交恐惧症最直接的病理表现。在我们身体中存在许多器官和分泌物，帮助我们调节情感和各种行为。如果他们出错，就很容易造成我们对社交的过度反应。现代科学发现，一种叫 5-HT（又称血清素）的分泌物如果分泌失调，就会造成恐惧情绪。还有处理情绪反应的杏仁核，如果过于活跃，就可能导致我们对社交的敏感。

三、性格原因。“社恐”的人非常敏感自卑，他们有着强烈的自尊心，对自己缺乏自信。敏感的人共情力更强，他们能捕捉到细微的变化与柔软的感情，但同时也导致了他们对外界环境和他人评价更加感性，在社交场合会感到压力与不适，特别在意别人的负面评价，一点小事就风吹草动。

四、家庭因素。在与社交恐惧症有关的环境因素中，家庭因素可能是最重要的一点。美国社会学者库利强调，家庭是社会化的起点，是人性的养育所。父母的育儿方式、对社交问题的理解以及对社交情境的限制都会潜移默化地影响个人的社交反应。一个充满爱与和谐的家庭环境能够培养孩子的自信心和勇气。相反，如果家庭氛围不好，父母经常争吵甚至打架，孩子就会变得患得患失、缺乏安全感，对自己也没什么自信。

五、成长经历。如果小时候在公共场合受到羞辱或嘲笑，可能导致对社交场合产生恐惧。在电影《中国合伙人》中，孟晓骏小时候在舞台表演时，因过度紧张遭到同学嘲笑，从此对舞台产生了阴影，即使长大后也被这种恐惧所困扰。即使你是一个开朗大方、热衷社交表现的人，如果不幸经历了一段被打压的经历，照样可能从“社牛”转变成“社恐”。因此，一旦感知到自己正在受到心理创伤，一定要及时寻求帮助。

第二章

调整心态，别人怎么说我不理

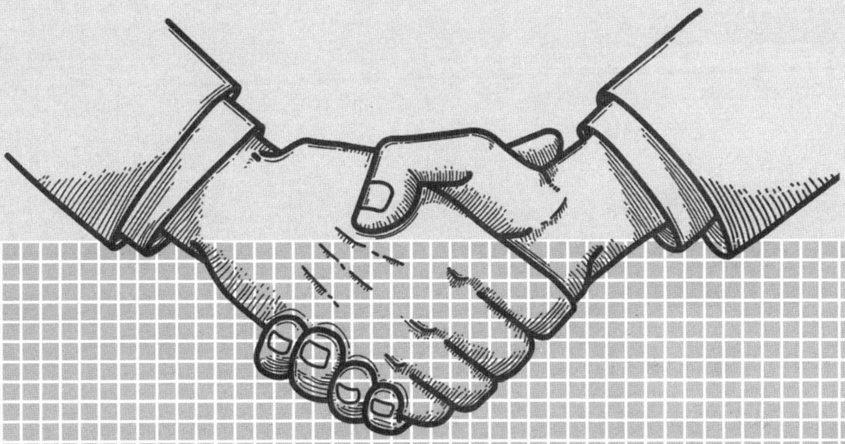

如果说“社畜”是为了生存而战，那“社恐”则是在与整个嘈杂的外界为敌。但决定一个人心情的，不在于环境，而在于心境。

看庭前花开花落，望天上云卷云舒，不管别人怎么说，你都要淡定看待。

1 我怕，我怕——你凭什么要害怕

过于恐惧而太不自信，是怯懦。害怕别人眼光或评价是可笑的，因为大多数人都没把注意力放在你身上，你以为演讲时，念错一个字，面部表情不自然，就是天塌了，其实，其他人根本不在意这些小事，更不会将你的表现当作谈资。

退一步讲，就算关注你，他们的注意力也只是一瞬，随后就很快转移，不是东张西望，就是看手机，或是想生活中的柴米油盐酱醋，或是想中午吃什么，晚上跟谁聚餐。对他们来说，你的演讲还没有下一顿吃什么重要。

人生，自己才是自己的主角，谁也不是谁的谁！

不信，问问自己，你记得哪个同事的发言内容？又记得哪个同事上次出的糗？

既然都不记得，你又何必把自己交给他人去评判？一个人最厉害的表现，就是不因别人的评价而自乱阵脚，不因别人的评价而妄自菲薄。

达·芬奇作为私生子，年少时被无数人嘲笑，在他 14 岁时学画鸡蛋，又因为画得难看被同学嘲笑，但他没有放弃，经过不断的努力，他画出了不同的鸡蛋，从各个方位、各种光线投影下画，画鸡蛋训练了他的观察能力和绘画能力，最终，他成为一位出色的画家，并画出了惊世之作《蒙娜丽莎》，成为意大利的博学家，欧洲文艺复兴后三杰之一。

乔布斯最初创业时，大家都不看好他，觉得他是痴心妄想，现在苹果产业已经遍布全球，成为世界上最赚钱的科技公司之一。

所以，别人的评价重要吗？

不仅不重要，更没必要因别人评价你而感觉害怕。

只要放下心中的恐惧，社交没什么大不了，不就是跟熟人打个招呼？只要你事后不尴尬，社交在你的生命中也就三秒钟的事。哪怕工作开会，你表达内心的想法出了点差错，或词不达意，你也不必耿耿于怀，因为大家都有说错话的时候，只要无伤大雅，便是安好。

第二次世界大战结束后，各国代表在美国军舰“密苏里号”上举行了日本投降书的签字仪式。投降书上，原本的格式应该是签名在上，国家标注在下，而加拿大代表看错格式，将名字签到了法国那行，一己之力让后面签字的三国代表将错就错，涂涂改改。结果呢？日本还是投降了。不仅如此，这张签错了字的投降书还被展览出来，供全世界的游客参观打卡。

这样看来，工作中的小失误又算什么？ 而且要相信自己是优秀的人，像你这样优秀的人，只要能克服恐惧、勇敢表达，一切问题都将迎刃而解，你就是生活中最出色的那类人。

我怕，我怕——你凭什么要害怕？

第一，别人可能根本不在意你；第二，别人的想法算什么；第三，人人都有失误，每个人都有自己不擅长的事，犯点小错很正常，不能因此疯狂内耗，更不能因此不社交，那反而会得不偿失。

所以，下次当你感到害怕和不安时，问问自己：你凭什么要害怕？勇敢地面对自己的内心，调整好心态，原来那些让你畏惧的社交场合并没有想象中可怕。正如梁静茹演唱的《勇气》中的歌词：终于做了这个决定，别人怎么说我不理，只要你也一样的肯定……

别人怎么说，真的没那么重要。

2 我不尴尬，尴尬的就是别人

永远不要觉得尴尬和丢脸，要想出人头地，绝不能在别人面前露出丝毫惊慌、困惑、悲伤的表情，只要你不尴尬，尴尬的就是别人。

每个人都一样，那些发生在你身上尴尬和丢脸的事，换一个角度看，正代表着人生每个阶段最宝贵、最真实的自己，多年以后再次想起，反而觉得是一件极有趣的事，是一件极珍贵的回忆。

不要觉得尴尬丢脸，如果你自己把尴尬和丢脸的事放大，这件事情就很难过去，所以要坦然面对，谁都有过这样的时刻。

觉得尴尬的人有一个坏习惯——过度看重自己，感觉全世界都盯着你，感觉背后有人偷偷念叨你，特别在意别人的看法，希望说话做事都能完美无缺。所以他们放大自己的尴尬，一点小事都能懊悔不已，但我们活着不是为了取悦他人。

觉得尴尬的人喜欢在晚上睡觉前胡思乱想，老是复盘从早到晚的尴尬场面，然后辗转反侧，夜不能寐，无法入睡。对工作复盘是好的，但复盘你尴尬内耗的事情，只会自寻烦恼，加重你的情绪内耗，让你与他人交往畏首畏尾。所以，别让压抑的负面情绪陪你过夜，事情不会击垮人，但情绪会，会处理自己情绪的人最厉害。

觉得尴尬的人还常常自责：我怎么那么蠢，说那样的话？

这种事后后悔的心态又有何意义，如何不用“这有什么，下次我可以这么做”来代替内心焦虑，换一个思路想，人生就会开阔许多，又怎么会尴尬？

发生过的事我们改变不了，真正的放下就是勇敢，用正确的感受覆盖原来的尴尬记忆。

现在再来看过去的那些经历，所谓的尴尬和丢脸不过是自认为，其实人生根本就没几个观众，即使你真的失误犯了错，也没人会记在心上。而且，人为什么会觉得尴尬，是因为你在成长，对过去的行为有反思，但你从来不觉得尴尬，那说明你从来没有成长。

不过话说回来，日常生活中难免会遇到真正尴尬的事，那该如何处理呢？

我们可以采取以下妙招从容应对：坦然面对自我，释放内心压力；转移话题，灵活化解尴尬场面；主动承担责任，展现担当与诚意；夸张自嘲，以幽默化解尴尬氛围。通过这些方法，我们既可以化解尴尬，还可以展现出机智、担当和幽默感，使自己的人际交往更加顺畅和愉快。

总之一句话：当你开始不怕尴尬和丢脸时，人生就会逆风翻盘。

3 尽心尽力做好自己

人生无百年，我们交不了多少朋友，转眼一瞬间，我们垂垂老矣；人生又很长，我们会遇到成千上万形形色色的人，就算你再努力去迎合，也不可能满足所有人。

你说话直接，敢爱敢恨，喜欢你的人会觉得你真诚，讨厌你的人会说你鲁莽，说话难听不好相处；你乐于助人，生活中大小活儿主动包揽，喜欢你的人会感激你的善良，讨厌你的人会认为你多管闲事，是讨好型人格；你学习各种技能，努力提升自己，喜欢你的人会夸你有奋斗心，讨厌你的人会说你装腔作势，说你爱出风头。

他们讨厌你，是因为你本身做得不对吗？

肯定不是。

不懂你的人，觉得你做什么都不对，只要讨厌你，无论怎么做都无法让他们改变，但这不是你的错，你永远无法改变他们的看法，因为你们不是一路人。你不需要为他们的态度感到苦恼，更不需要为他们去改变。即便是万人瞩目的明星，还有一堆黑粉呢。

有的时候，别人的评价可以帮你成长。上市应用软件（App）每隔一段时间会收集用户评价，为自己的升级迭代提供方向，但有的人说三道四，就是为了膈应你，你因为他们的言论就否定自己优秀的特质，那就太不值得了。

电影《贱女孩》（Mean Girls）讲的就是为了赢得认可而将自己变得面目全非的故事。故事的主角凯蒂从小跟随她父母在非洲长大，接受家庭教育，因为非洲艰苦的环境，凯蒂拥有坚强勇敢的品质。当她回到美国来到一个新环境时，发现人与人之间的弱肉强食竟比自然界更可怕。

在这所学校里，“女王团”引领潮流，呼风唤雨，被短暂排斥后，为了融入她们，和她们一样赢得所有人的崇拜与认可，凯蒂开始放弃自己原本的社交与兴趣，放弃自己最爱的数学，从一个善良真诚的女孩转变为刻薄叛逆的少女，甚至偷偷开展了自己的报复计划。最终，凯蒂的好朋友因她的改变远离了她，她的魔鬼身材团成员也因她的欺骗不再靠近她，她对自己也越来越陌生。

最后，她终于醒悟，悬崖勒马，重新做回了真实的自己。所以，我们不需要为了迎合他人的目光而改变自己，也不应该因为嫉妒去诋毁别人。我们每个人都是独一无二的个体。凯蒂一开始格格不入，是因为她自私、虚伪、成绩不好吗？不，恰恰是因为她不够自私、虚伪，而且成绩优异。

除非有利可图，否则谁都不可能做到让所有人喜欢。就像凯蒂的蜕变过程充满了对自我价值和身份认同的挣扎。刚开始时，她只是想融入新的环境，结交新朋友，但很快就发现，为了迎合他人的期望，她逐渐丧失了自己的本真。这种为了他人而改变自己的做法，让她陷入困惑和痛苦中，是极不可取的，无论是在青春期还是成年后，我们都需要时刻提醒自己：大胆做自己，不要求人人都喜欢你。只有这样，我们才能找到真正的幸福和满足。

人生中有些人不可或缺，有些人可有可无，而有些人最好陌路。那些人生知己可能只占社交圈的 1%，但他们的喜欢与认可远比剩下 99% 的人重要。有的人追不上你，就喜欢说酸话来挤兑、刺挠你，这正说明你比他们更优秀。

请记住，那些目标坚定、眼光长远的强者绝不在乎不相干的人喜不喜欢自己，弱者的话既不会威胁到他们，也不会对他们的生活造成不良影响。强者从不迎合弱者，如果你不喜欢我，请便，我不稀罕你那几毛钱的喜欢。

“钱”离开人废纸一张，人离开“钱”废物一个；鹰，不须鼓掌，也在飞翔；小草，没人心疼，也在成长；深山的野花，没人欣赏，也在芬芳。做事不需要人人都理解，只需尽心尽力；做人不需要处处迎合他人，只需坦坦荡荡，做好自己的本分。毕竟我不是人民币，做不到人人都喜欢。

4 减少内心戏，不胡思乱想

人是会思考的芦苇，但过度思考影响大脑。不要让自己越过自己的情感、理性，去进行一些无所谓的胡思乱想。

不要觉得自己会不受待见、很糟糕，每次成功逃避不想面对的人和事，用一句“我社恐”掩盖害怕“社死”，但内心是不是很后悔，要是我那样做就好了。所以，我们需要直面内心的感受，按照自己的想法去做。

如果你脑子里翻来覆去，心情像过山车一样跌宕起伏，这种精神内耗的过程，就像用勺子将自己慢慢掏空。

使人疲惫的其实并不是远方的高山，而是自己鞋里的一粒沙子。社交并不可怕，可怕的是恐惧本身，它让你胡思乱想，精神内耗，别人不明白你为何而颠簸，但只有你自己知道这有多折磨人。

这时，我们就该停下脚步，蹲下身子脱下鞋，把这粒该死的、让我们自己不舒服的沙子倒出来，然后抚平自己内心的焦虑、减少内耗，使我们从容面对世间种种不自在。

生命的尽头不过是一抔黄土，如果让内耗占据了生命中的大部分时光，那实在太可惜了。犹豫不决，迟迟疑疑，不如放空心思，默念“三二一”，然后直接去做，拒绝无谓的胡思乱想，你会发现生活竟可以如此开阔精彩。

在此讲一则寓言——

有只狐狸平日里喜欢在森林里溜达。某天，他遇见了狮子，觉得这是个拉近关系的好机会，迎上前去热情地打招呼。然而，狮子正在狩猎，根本没注意到狐狸的存在，自然也就没回应。

这下，狐狸可紧张了：“狮子为啥不理我？是不是我哪里得罪他了？”

他想来想去，百思不得其解，越想越焦虑，结果一不小心掉进路边的陷阱里。

在陷阱里的狐狸并没有想着如何逃脱，而是继续胡思乱想：“这肯定是狮子故意设的陷阱，可能我得罪他了，即便我逃出去，也难逃被他吃掉的命运。”

于是，狐狸彻底绝望了，他放弃了自救，最终被活活饿死。

狐狸胡思乱想，结果饿死在陷阱里。狮子没理会狐狸的招呼，是因为狮子有自己的事，陷阱只是个意外。如果狐狸不那么多虑，积极自救，结局也许就会完全不同。

我们何必让自己困在无谓的猜忌和假设中呢？

世上最不开心的，恐怕就是那些爱钻牛角尖的人。

一个人日子过得不顺，不是环境的问题，而是因为心里杂念太多。其实社交没那么复杂，别老是多虑，先调整好心态，状态自然会来。

登上福布斯全球亿万富豪榜的爱丽丝·沃尔顿写道："单纯在头脑中思考很少会产生什么重大发现，因为你脑子中四处漂浮的往往只是一堆无序的想法和担忧。"

人最好的状态是，把脑力集中，像激光一样聚焦在你想要完成的事情上。如果你注意力不集中，把大部分时间花在胡思乱想上，你做的每件事都会比你想的要难，花的时间也比你想的要多。

勇敢面对真实的自己，不要再浪费时间在无谓的烦恼上，接纳自己，迎接你的将会是温暖的阳光。人生匆匆而别，让我们都活得笃定而清醒、自在而舒心。

5 不做最坏的打算，但要做最好的准备

我们之所以产生焦虑，很大原因来自恐惧。有时恐惧魂牵梦萦，无法克服，我们不如不做最坏的打算，开始采取行动，提前做好准备。

当我们准备一次重要演讲时，不要考虑做不好会怎么样，先熟悉演讲稿，了解听众，进行多次演练，真正上场时，也只不过是一次略微严肃点的排练罢了。

坚信谋事在人，成事在天，以不变应万变，做好万全之策。

有个聪明又勤奋的学生，在其他课上都拿到高分，却在一门课上表现得一塌糊涂，因为这门课要求很高的课堂参与度，但他担心自己说错话会被嘲笑，从学期开始他就没在课堂上说过一句话。最后，这门课的成绩太差，致使他与奖学金失之交臂。

一个编程高手刚刚制作了一款电子游戏，尽管他才华横溢，但害怕去面试，一直没有找到工作。

一名五星级的足球运动员，以其快速的步伐和创新的打法在场上称霸。赛后，当记者们蜂拥而至想要采访她时，她却惜字如金，显得很冷漠，毫无兴趣，记者写文章说她耍大牌。其实，她的回答之所以简短，是因为她害怕表现得太自负。

害怕这个，害怕那个，事情还没做，就开始料想最坏的结果，然后把自己陷入“躲避—被支配—无止境地纠结”的循环中，这是最可怕的。

与其毫无缘由地提心吊胆，不如做好最周全的准备，明确目标，深入研究，储备资源，厚积薄发。

比如，那名不敢发言的同学，完全可以事先打听好这门课的考核形式，然后明确课堂表现在分数中的占比，计算自己至少应该发言的次数，再根据课堂的内容提前预习，收集好相关资料并记录下来，使他在课堂上必有言可发。

凡事预则立，不预则废。成功与收获垂青那些有充分准备的人。未雨要绸缪，不要打无准备之仗。当然，许多事情是人算不如天算，计划赶不上变化，最后的结果往往难以预料，所以你要对所做的任何一件事做各种可能的预测，以便能采取应急措施，并能从容面对任何可能的结果。

在尽人事的情况下，仍是最坏的结果，那你就坦然接受。不抱怨、不纠结、不遗憾，反正你尽力了。

世上只有三件事——自己的事，他人的事，老天的事。

他人的事，我们不用管，管也是徒增烦恼；老天的事，我们不能管，因为管不了；我们能管的就是自己的事。

演员韩雪曾提到她参加《跟着贝尔去冒险》的这段经历。

韩雪缺乏体育锻炼，恐高，害怕昆虫，但跟着贝尔去冒险的二十天里，她抓过老鼠，吃过昆虫。在冒险的倒数第二天，她甚至靠一条绳子穿越峡谷。

对此，她说："不要害怕接受巨大的挑战，你可以做好失败的心理准备，但是靠毅力去征服它。"

在你能接受的情况下，你就要把时间和精力用来试着改善那种坏情况，也就是做最充足的准备。如此一来，即便失败，我们也不会说"哎，真糟糕，我当初应该试一下的"，或是"哎呀，早知道我当初努力一点，是不是会不一样呢？"

不要给自责的机会。

不做最坏的打算，去做最充足的准备。

6 勇敢面对遇到的人与事

人生，就是一场与自己的较量。难免会遇到难缠的人和困难的事，说要无所畏惧，但依然会困惑或害怕，勇敢不是不害怕，而是明明害怕，依旧迎难而上。

被称为“英伦赫本”的莉莉是个名副其实的星二代，她的父亲是摇滚乐的巨擘菲尔·科林斯（Phil Collins），不仅获得七次格莱美大奖，拿过两座金球奖奖杯，还凭唱红电影《泰山》的主题曲而夺得奥斯卡奖。她本人像受到神的祝福而降临至凡间的天使，从小沐浴在万千宠爱的光环之下，不是公主却胜似公主。

别看她含着金钥匙出生，这位“公主”也曾为自己的容貌和身材苦恼过。进入演艺圈后，父母的光环不仅没让她轻松，反而增加了她的焦虑：一天不运动就焦虑，严格控制摄入热量，和朋友聚餐时偷偷去洗手间催吐，依赖减肥药和泻药，严重时会晕倒在厕所……这些她都经历过，最终患上了厌食症。

在母亲的帮助下，她战胜了这个可怕的病魔。为了勇敢面对过去，她还参演了电影《骨瘦如柴》，饰演一位同样患有厌食症的少女。

虽然有专业营养师全程监控，莉莉的妈妈仍然担心她会入戏太深难以自拔。

不过，莉莉心里有个声音一直在告诉她：直面过去的问题，并用电影记录下来，才能鼓励更多的人。

患病最严重的时候，她说：“我以异样的眼光看自己的外在，无法面对父亲离婚造成的痛苦与困惑。”

但现在，她正用自己的才华与演技不停地打破“星二代”的标签。

随着岁月的流逝，我们不是孩子，跌倒了要人扶、要人哄，哪怕人生路上遇到再烂的事，遇到再恶心的人，我们都要学会勇敢面对。

是的，现实总有人看你不惯，还偏偏比你强大，你斗不过他。那就别“以卵击石”了，你可以躲开他。“打得过就打，打不过就跑”，保全实力，不是坏处，等你来日变得更强大了，再来“反抗”。其实，你真正强大了，就不会“反抗”了，因为真正强大的人，都学会了包容，而不是蛮不讲理地争强好胜。

世界不相信眼泪，强者会把泪水当作奔跑的润滑剂。

面对人生的困境，谁都会受伤，但伤心了，扛不住了，就躲一边流泪，或者当着很多人的面流泪，都不可耻。一个人熬太久，会情绪爆发，以泪洗面，也是可以理解的。

但是你要想清楚，哭了，别指望谁同情你，不要等谁给你擦眼泪，因为世上真正在乎你的人不多，你等来的多半是失望。熬不住的时候，你要自己擦眼泪，然后说“加油，一切都会过去的”。

真正的强者，是“含泪奔跑的人”，希望你也是这样，流泪但不放弃，泪眼蒙眬之中，希望就在前方。

痛苦是人生最大的财富，它能让你不断成熟，勇往直前。

痛了，苦了，伤了，你就真正成熟了。不经一事，不长一智，不遇几个“人渣”，不知谁真正爱你！听别人说再多的人生经验，不如自己经历一次。当然，有些经历是不可以去尝试的，因为一次尝试，毁掉一生。做人要有道德和法律底线，不得突破。

人生最大的贵人，其实是你自己。

人生是可以自带光芒的。煎熬的时候，人生处于黑暗之中，但你要相信“再长的黑夜，也会迎来黎明”。你的努力，会让自己灼灼放光，可以点亮脚下的路。

世界愈悲伤，我要愈快乐。人心愈险恶，我要愈善良。

7 眼神肯定，建立自信

眼睛，是心灵的窗户；眼神，是人们交流情感、传递信息的无声语言，是专业素养和内在力量的体现。有时，一个眼神，别人就能看出你的人品如何。猥琐卑鄙的人眼神飘移、目光虚浮，刚直侠义的人目光炯炯、浩气凛然。

孟子说："存乎人者，莫良于眸子。眸子不能掩其恶。胸中正，则眸子瞭焉；胸中不正，则眸子眊焉。听其言也，观其眸子，人焉廋哉？"

考查一个人，最好的方法是看他的眼睛。一个人的眼睛不能掩盖他实际上的缺点。心中正派，眼睛就会明亮；心中不正，眼睛就会昏暗失神。

越剧演员陈丽君，用一个眼神，就表现出"欲点红唇笔又放"的犹豫到"女子也能立功传"的坚毅，将代父从军的花木兰形象瞬间呈现在观众眼前。

很多时候，一个眼神，能胜过千言万语，带来强烈而震撼的力量。如果你"社恐"，不敢说话，不妨先从眼神开始练起，修炼出自信坚定的目光。

“一身之戏在于脸，一脸之戏在于眼。”练就眼神堪比整容，可以改变一个人的形象气质。学问，不可以假装，但眼神是可以练出来的。如果你想让别人觉得你值得信赖，博学多识，最有效的办法就是从眼神开始改变，用坚定的眼神击退别人的质疑。

人际交往中初次见面时，如果我们的目光没有与对方对上，而是选择了低头或转移视线，这不仅会错过建立联系的机会，还会让对方觉得我们缺乏自信。

公开演讲时，我们都知道，一味地低头念稿子是行不通的，你必须正视前方，与观众有来有往，展现你的自信，这比你的演讲内容更重要。

眼神交流是人与人之间最直接的沟通方式之一。当我们能够勇敢地与对方对视时，不仅能够传达出我们的自信和坦然，还能让对方感受到我们的诚意和关注。若你的眼神总是躲闪，对方会觉得你在隐藏什么，或者对这次交流毫无兴趣。相反，若你能够大方迎上对方的目光，对方自然会对你产生好感，甚至愿意与你有更进一步的交谈。

其实，眼神交流并没那么难，你只需要在心里对自己说：“我不害怕，我有勇气。”然后抬起头，迎上对方的目光，给出一个自然的微笑。就这样简单的一步，你就能给对方留下深刻的印象。

所以，下次再与陌生人见面时，不妨试试“不要闪躲”的眼神修炼吧。勇敢地迎上对方的目光，展示出你的自信与坦然，你会发现，人与人之间的交流会变得更加顺畅和愉快。

8 人无完人，不要太苛求自己

每个人都应该坚信“天生我材必有用”，这个世界上没有两片相同的叶子，人也一样。你是独一无二的，你的存在有着特定的价值。静下心来审视自己，找到自己的价值。相信自己能行，时刻提醒自己：我可以的，我不比别人差，别人能做到的，我经过努力也能做到。

不管是大事小事，只要开始做了，就坚持做好、做成。不论是大成功还是小成功，都是你自信的积累。不断成功可以让你看到自己的价值和力量，从而将那个自卑的自己转变为自信的自己。

天道忌全，人事忌满。有出息也好，没出息也罢，你都是天底下独一无二的自己。

我们不用刻意去改变什么，只需要认真做好手上的每件事，不管做得怎样，无愧于心即好。成功是不断积累的过程，在这个过程中看到自己的进步和价值就好。人生是一个自圆其说的过程，不要拧巴，不要强迫自己。

很多社交恐惧症患者，他们在努力改变自己，逼迫自己社交，硬让自己“谈笑风生”。结果，一次又一次把自己拉入挫败的氛围中，最终导致更加惧怕社交。要知道，与人交往时，紧张很正常，手抖也正常，瑕不掩瑜，那只是你微不足道的小缺点，太阳上都有黑点，人就更不可能没有缺陷。

过于看重他人的评价会让你陷入烦恼的泥沼，最重要的是你如何看待自己。

一个人特别喜欢登山，有一次参加攀登珠穆朗玛峰的活动，当他爬到 7800 米高时，体力不支，决定停下来休息。当他回去讲起这段经历时，大家都替他惋惜："为什么不再坚持一下呢？再爬高一点点，就能登顶了！"

他笑了笑，很淡然地说："不，我知道 7800 米是我登山生涯的极限。我不会为此感到遗憾。"

他非常明智，了解自己的能力，并没有为了追求完美而勉强自己，如此才得以平安归来。而那些追求完美的人，往往在没有完全了解自己的能力和兴趣之前，就盲目追求过于高远的目标，结果每天都被辛苦和疲惫所折磨。

不要因为别人的评价而感到困扰。我们要了解自己的能力和极限，做出最适合自己的选择。活在别人的眼光里，只会让我们陷入紧张焦虑的"社恐"中。只有找到人生的节奏，才能真正享受生活。不要做完美的人，我们要进化，水来土掩。

如果总是盯着身上的缺点，你会感到痛苦万分，觉得自己不够好。很多痛苦的根源都来自不放过自己、不接纳自己。所以，请与自己和解，放下心理负担，听听内心的声音，因为那才是快乐的关键。

一生很短，别太苛求自己；一生很长，别轻易绝望。

了解自己的能力和舒适区，接受自己现有的状态，才能真正找到平衡和内心的平静。

与其强迫自己去做超过自己能力的事情，不如先从小的、可控的目标开始，逐步提升自己的社交技能，找到适合自己的社交方式。这样不仅可以减少压力，还能慢慢建立自信。记住，每个人都有自己的节奏，不需要和别人比较，做最真实的自己才是最重要的。

第三章

不要有社交堡垒，建立你的人脉圈

所谓人脉，不在于你认识谁，而在于谁认识你。

每个人都不是个体，都要与人打交道，如果一直困在圈定的社交堡垒中，既没有退路，也没有出路，只能阻在死路上，哀叹绝路。

而打破自我设限，主动拓展社交圈，与不同的人交流与合作，便能打开人脉的大门。

1 学会自我暴露，让别人了解你

在《谈话的力量》一书中，作者艾伦·加纳认为，人们通常只关心与自己关系密切的人，通过自我透露，能够让别人走进你的生活，拉近距离，产生信任，从而愿意交往。

交谈，总要迈出第一步。自我暴露是非常巧妙的社交技巧。适当介绍自己抛出话头，往往能收获对方同等对称的信息，在交流中能够发现共同的兴趣与认知，了解彼此的三观，你说得越多，对方也会分享得越多。即便你不再找新的话题，彼此也能自然熟络。

自我暴露就是敞开心扉，让自己被他人了解的过程。

现在，发达的线上社交也为自我暴露提供了更加简单方便的预演行为。你可以在朋友圈、微博、社交平台上展示自我，这不需要你与他人面对面交流，从而避免了一些尴尬的躯体行为。

但无论是线上还是线下，如果你是“社恐”患者，不愿与人交往，就要走出自我暴露的第一步，让别人了解你，进而了解他人。

自我暴露效应在人际交往中发挥着重要的作用。它不仅可以减轻孤独感，还能增进彼此之间的信任和亲近感。研究表明，当一个人的自我暴露得到积极响应，孤独感会显著减轻。此外，自我暴露还有助于自我澄清和社会确认，帮助人们更好地理解自己和他人。

在不同情境下，自我暴露效应有不同的应用。例如，在恋爱挽回中，逐步展示自己的兴趣、态度、人际关系和隐私信息，可以帮助重建亲密关系；在人际交往中，适度地暴露自己可以赢得他人的信任和支持，但过度暴露可能会让人感到不适。总之，自我暴露是一种有效的社交策略，但需要适度运用，根据不同的关系和情境进行调整。

社会研究发现：良好的人际关系是在自我暴露逐渐增加的过程中发展起来的。自我暴露不仅能拉近双方的心理距离，还会增进彼此的喜欢程度。

随着信赖与包容的增进，双方逐渐敞开心扉，期待对方同样如此，这是自我展露产生的效应。欲觅知己，不宜隐瞒私事，偶尔分享小秘密，能打开对方心扉。情感共鸣是人际联系的基石，适度坦诚，能发现共同点，建立深厚友谊，赢得信任与支持。内心深处，人们渴望情感交流，因此，以私事和情感维系的友情，远比利益交换的关系更稳固。这也是为何一些人脉广泛者，内心却感到孤独，对真挚的友情充满向往。

心理学家认为，一个人至少应该向一个重视的人吐露心底的秘密，这样才容易保持心理上的健康。

但自我暴露也并非越多越好，否则就会陷入浅薄的境地，对于比较亲密的友人不妨多暴露一些，对于不太了解的人则可以讲一些并不是什么秘密的私事，这样可以增加人们之间的亲近感，获得理解和支持。

自我暴露分为四阶：兴趣、态度、自我概念与隐私。交往中，宜依对方暴露程度、接纳度及关系亲疏度调整。与同事、邻居分享兴趣；交情好的同事、朋友可谈观点；亲友、信任者可谈情感；密友、伴侣则可触及隐私。

一个人若能恰到好处地暴露自我，便能拥有和谐的人际关系。要注意自我暴露的程度，过度的自我暴露不仅会把自己置于危险的境地，还会令对方尴尬，不知该用什么样的自我暴露来交换，甚至产生回避和排斥心理。

在维系和谐的人际交往中，深入心灵的沟通往往不可或缺。然而，无论是敞开心扉的披露，还是轻松愉悦的闲谈，我们都需要规避某些忌讳。首先，绝不可在背后对长辈或上级品头论足。其次，薪酬、婚恋等敏感话题应尽量回避。此外，切勿将现任与前任进行比较，无论是工作还是感情，这样的言论都可能导致误会。同时，避免显摆自己的优越感，或是过于张扬自己的抱负。在交流中，还须防止对话演变为争执，最重要的是，自己的软肋绝不能轻易示人。

2 扩大社交圈子

现代人交友不过两种方式：一是依托网络的线上交友，二是传统方式的线下交友。但大部分人却面临着这样的困境：线上交流感到懒惰无力，线下互动又因“社恐”却步。通过社交，我们渴望获取更多资源，拓展我们的社交圈，从而开阔视野，增长见识。

但单纯的社交并不足够，每个圈子都有其局限性，如果想了解更多，就要不断离开原有的圈子，走进更广泛的人群，倾听更多的声音，梳理出更多的思路。

社会认知学说向我们揭示，身处群体中，我们会受周遭的种种影响，使我们更倾向与那些性格相投、观念相近的人结为知己，在与这些志同道合的朋友相处时，会感受到一种难以言喻的舒适与惬意，毕竟他们更能体谅并认同我们的立场与所作所为。

社会学家马克·格兰诺维特在他的著名论文《弱联结的力量》中发现，朋友之外的人在事业中更重要。他研究人们如何找到工作，发现大多数人找到工作并不是靠他们的强联结——他们的父母或朋友，而是通过那些弱联结——刚认识的人。

有一个著名的理论，你和任何一个陌生人之间所间隔的人不会超过六个。也就是说，最多通过六个中间人你就能够认识任何一个陌生人。这就是六度分割理论，也叫小世界理论。

当你被邀请参加聚会时，直接说“好啊”。别急着问聚会的细节，直接答应就是了。去一次后，如果发现活动不合你的口味，下一次你可以礼貌地拒绝。但第一次一定不要拒绝，因为你会在这些活动中找到乐趣。参加的活动越多，你收到的邀请也会越多。

世界虽然大，但连接我们的网络却比我们想象的要小得多，勇敢迈出一步，扩大社交圈子没有那么难。而且，我们的“人际网”虽然有深度，但也需要广度，那些刚认识的、关系较浅的人，有时候能带来意想不到的机会。

那么不管线上线下，究竟该如何做，才能扩大你的社交圈？

（1）向上延伸，与杰出人士为伴。众所周知，环境对个体成长的影响举足轻重，正如古语所云：“近朱者赤，近墨者黑。”若一个人的周围环绕着杰出之士，他们便能激发此人也趋向卓越。拓宽交际领域的关键在于提升层次，结识高品质的友人。通过与这些杰出朋友的互动，不断为自身社交网络注入高品质的养分与资源，从而实现社交圈的充实与提升。唯有如此，方能不断汲取他人的精华，丰富自我，成就非凡。

（2）中间固守，找到志趣相投者。拓宽交际领域的基石，在于结识那些与自己观念相契合、志趣相投的伙伴。唯有让志同道合之友成为你人际网络的根基，你的社交圈子方能稳固坚实。因此，坚守这一原则显得尤为关键。一个人的交际圈要想不断壮大，必须首先确立起与自身价值观念相吻合、追求目标一致的朋友群体，这样的朋友圈才能成为你扩大交往的坚实基础。

（3）向下兼容，广结善缘。拓宽交际领域，关键之举莫过兼容并蓄，广结善缘。要懂得与三教九流之人交朋友，唯有如此，方能在人生旅途中领悟更多哲理，使你的社交圈子更加多姿多彩。须知，兼容之道，不仅是一种智慧，更是一种胸怀。在兼容中，你会发现，世界因你的包容而宽广，人生因你的理解而深邃。

3 多表现优点，以获得别人的赞同

蝴蝶知道展现自己的星尘，萤火虫懂得点亮自己的微光。所以，人们为它们的美丽惊叹，为闪烁的星光沉醉。

生活中，如果你总是默默无闻，那么再有本事、再勤奋，也难以引起他人的注意，你空有才华却无人赏识，是英雄也无用武之地。

这不能怪别人，毕竟世界那么大，人才遍地都是。如果你不懂得展示自己，别人如何感知你的能力和贡献。

有一个卖瓜的老太太叫王婆，老家在西北一带，以种瓜为生。那一带的瓜叫胡瓜，就是今天的哈密瓜。那时宋朝边境经常战乱，王婆为了避难，迁到了开封的乡下，继续种胡瓜。可惜的是，胡瓜外表不太好看，中原人也不认识这种瓜，即使胡瓜比普通的西瓜甜十倍，依然没有人买。

王婆急得团团转，逢人就夸自己的瓜多好吃，还当场把瓜剖开让大家尝。起初没人敢吃，后来有个胆大的尝了一口，简直像吃了蜜一样甜。消息一传十，十传百，王婆的瓜摊生意顿时火爆，人来人往，热闹非凡。

有一天，神宗皇帝出宫巡视，兴致勃勃地走到集市上，看到那边挤满了人，便问左右："那边为何如此热闹？"左右回禀道："启奏皇上，是个卖胡瓜的引来众人买瓜。"

皇上好奇心大起，走上前去观看，只见王婆正一边夸瓜，一边比画，口若悬河。见到皇上，她也不慌，干脆利落地递上一块瓜让皇上尝。神宗尝了一口，果然甘美无比，连连称赞，便问她："你这瓜这么好，为什么还要不停地吆喝呢？"王婆笑着说："这瓜是西域品种，中原人不识，不叫唤就没人买。"

皇上听了感慨万分："做买卖还真是得当夸则夸，像王婆卖瓜，自卖自夸，有何不好？"皇帝的金口一开，这句话很快就传遍了黄河南北，成了人人皆知的名言。

从小我们就被教育，谦逊是一种美德，要不骄不躁。被人夸了不能露出喜色，甚至还要学会适当自贬来讨人喜欢。久而久之，我们习惯了自我贬低，恨不得自己是个透明人。偶尔被夸奖时，根本不知道如何应对，更不用说主动夸自己。

如今我们一说某个人王婆卖瓜，自卖自夸，往往是带有一定的贬义色彩，用来讽刺那些自不量力、自我吹嘘的人。

"社恐"的人经常这样，好不容易遇到自己擅长的话题，鼓起勇气想要表现一下自己，但一想到别人的目光和讽刺，马上败下阵来。

像神宗皇帝所说，王婆卖瓜，自卖自夸，有何不好？

它是一种自信、积极、敢于展示自我的态度，鼓励人们勇于推销自己，展示自己的才能和优点。

社交和买卖一样，你要在不断推销自己中来获得各种机会。

你才华横溢，却未遇良机，犹如明珠蒙尘。机遇不请自来，需主动争取。挺直腰杆，大声言志，勇于展现，方获舞台。否则默默无闻，才华难显，无人留意。反之，一旦尽显所长，机遇自至，赢得尊敬，而非讥讽。

看不到自己优点的人，必也看不到他人的优点。

我们不必羡慕他人的才能，也不必悲叹自己的平庸；每个人都有自身的个性魅力。

拒绝“社恐”，就是走出去，把自己的个性与才华，在合适的时机展现出来。

4 让自我介绍成为吸引人的“广告”

在人际交往的舞台上，无论是出于礼节还是职业需求，自我介绍都扮演着不可或缺的角色。人们初次相遇时，内心都怀着了解对方并得到对方尊重的愿望，在这个关键时刻，若你能迅速而清晰地向对方介绍自己，立马就能获得对方的好感。

如此一来，无疑为后续的深入交往奠定了坚实而友好的基础。自我介绍不仅是一种形式，更是心灵的交流、情感的传递，它能迅速拉近人与人之间的距离，促进相互理解和尊重，从而使人际交往变得更加和谐而富有成效。

在参加社交集会时，主人不可能把每个人的情况都介绍得很详细。为了增进了解，你不妨抓住时机，多作几句自我介绍。时机有两种：一是主人介绍话音刚落时，你可接过话头再补充几句；二是如果有人表示想进一步了解你的意向，你可作详细的自我介绍。

自我介绍时应注意以下几点。

（1）必须镇定而充满信心。“社恐”的人有一个缺点，害怕结交关系，见到人，似乎思维也凝固了，手脚也僵硬了。本来心中有数的，变得说话结巴；本来笨嘴笨舌的，嘴巴更像贴了封条。这种状况怎能介绍好自己？要克服这种“社恐”的胆怯心理，要自信起来，这样才能更好地介绍自己。

（2）必须真诚而自然。有人把自我介绍称为自我推销。推销产品时是在“货真价实”的基础上做宣传，推销自我时也不能不顾事实而自我炫耀。因此，作自我介绍时，最好不要用“很”“最”“极”等极端词汇，给人留下“狂”的印象；相反，真诚自然的自我介绍，往往能使自己的特色更突出。

著名爱国将领冯玉祥生前写下了一篇短小自传《我》作为他的墓志铭：冯玉祥，平民生，平民活，不讲美，不要阔，只求为民，只求为国，奋斗不懈，守诚守拙，此志不移，誓死抗倭！尽心尽力，我写我说，咬紧牙关，我便是我，努力努力，一点不错。

你看，他的自传没有“最”，没有“极”，反而是“不讲美，不讲阔”，短短几句，一个为国奉献、正气凛然的形象便活神活现了。

（3）必须考虑对象。自我介绍的根本目的是要给对方留下一个印象，因此要站在对方理解的角度来说话。比如，第一次参加某方面的研讨会，你站起来说：“我叫 ××，我来发个言。”此时在场的人一定会这么想：这是什么人？怎么从来没见过？他代表哪方面？他的意见值得听吗？所以面对有这么多想法的听众时，你只介绍“我叫 ××”是不行的，别人不会安心听你的发言。如果你理解了听众的心理，就可以这样介绍：“我叫 ××，是 ×× 大学的教师，我第一次参加这样的研讨会，望大家多多指教。现在我就这个问题谈谈自己的看法……”这样的介绍，才不会使听众心中结下疑团。

（4）充满热诚。表示渴望认识对方时要热诚，因为任何人都觉得被人认识是一种荣幸。如果你对人的态度热诚，所得到的反应也会热烈。

所以，在介绍自己时一定要重视那个或那群与你打交道的人，要随机应变。如你面对的是年长、严肃的人，你最好认真规矩些；如与你打交道的人随和而又具有幽默感，你不妨也放松地展示自己的特点，作出有特色的自我介绍。

（5）在自我介绍时，还要善于用自己的眼神表达自己的友善、关怀及渴望沟通的心情。

总之，要在自我介绍中表现出你的与众不同，让它成为吸引人的广告，回味无穷。

5 走出去，不要宅在家里

很多“社恐”的人喜欢做宅男宅女，一到周末，选择躲在家里，与世隔绝，拒绝与他人分享他们的内心，只是抱着手机，饿了点个外卖，困了睡一觉，浑浑噩噩度过一天。然而，这只会让“社恐”更加“社恐”。

宽广的世界里，有着无限美好。蔚蓝的天空，广阔的大海，茂密的树林，高远的山峰，都在等待着我们去发现。走到户外，沐浴在阳光下，感受微风拂面，让自己与大自然融为一体。至夜，抬头仰望星空，领悟到生命的不可思议和宇宙的浩瀚。这个广博的世界将帮助我们重新审视自己。

走出去还意味着不要孤单一人。与他人分享你的感受和困扰，找到支持和理解。“社恐”常常让我们感到孤独，但孤独只会加剧“社恐”。家人、朋友、心理医生或支持小组都可以成为你的依靠。他们愿意倾听你的倾诉，给予你温暖的拥抱，帮助你渡过难关。不要害怕倾诉，因为分享是治愈“社恐”的开始。

你觉得宅在家里特别放松，甚至幻想着，如果不是为了养活自己，干脆一辈子就这样过。但这样无聊的生活，是不是属于“坐吃等死”的节奏，一旦这样的日子形成闭环，人会变得更加颓废。

其实，一个人待的时间长了，会头晕眼花，严重时甚至会头疼发烧，好好的周末反而比工作时还累。

为什么呢？

因为长时间宅在家里会导致身体素质下降，饮食不规律。除了身体上的危害，长期疏远社会群体还会让人的语言能力、行动力以及表现力退化，反应迟钝，和别人打交道时畏畏缩缩。

所以，不要总宅在家里，走出去和人交流，才能保持身心健康。尤其对于“社恐”一族而言，出门感受一下大自然的风景，即便不和人说话，也能感到心胸开阔，有了倾诉的欲望。

小张做了很多年的“宅女”，自称“六星级宅女”。每天睡到12点左右，起床后，还来不及吃早饭便穿着睡衣打开电脑，开始她一天的网络生活——打游戏、看电影、看漫画、QQ聊天、收发邮件。家里备有泡面和各种干粮，饿了就随便吃点，最丰富的晚餐也不过是一份叫来的快餐。出行地点仅限于住所两公里以内的范围，见到熟人或生人都十分“懊恼”，害怕人多的地方，拒绝在现实中和他人交流。

这样的生活让小张逐渐与现实脱节。她的日常互动只在虚拟世界内进行，身体因为缺乏运动和不规律的饮食变得虚弱。她认为自己很享受这种生活，但长期下去，孤独感和不适感悄然蔓延。当面对现实中的社交时，她感到无所适从，紧张得手心冒汗。

适度的“宅”生活是可以理解的，但过度封闭自己，不与外界接触，终究会带来负面影响。勇敢走出去，和真实世界的人和事互动，才能找到更平衡、更健康的生活方式。

王安忆在《接近世纪初》里说，情绪低落的时分，最好走出户外，再走远点，走出深街长巷，到田野。

不要总是宅在家里，推开家门，走出去，多运动。躲在家里只会让内心更加封闭。走出家门，学会拥抱这个世界。运动不仅能释放压力、舒展身心，还能让你在运动中观察别人，放下过多的心理负担。

许多“社恐”的人不敢发声，不敢和别人聊天，因为他们害怕被别人厌恶，从而加重了心理负担。实际上，这种担心是多余的，勇敢迈出第一步，你会发现这个世界并没有那么可怕。走出去，你会遇见各种各样的人，不需要过多言语，简单的微笑和点头，都能让你感受到人与人之间的温暖和友善。

人生无定迹，不只是浮萍。你在外面遇到的陌生人，基本上不会再有第二次相见的机会，所以根本不需要在意他们的评价。你可以肆无忌惮地与他们交流，尽情锻炼自己的社交能力。

每一次的小突破，都会让你的自信心增强一点点，而这些都始于你推开家门、走出去的那一刻。

6 要有主见，不能只讨好别人

殷勤善意在社交中是必须的，但也应有限度，一旦过分，殷勤就变成了卑下……

你越是放低姿态、讨好别人，别人反而觉得你越可有可无。而那些趾高气扬、脾气火爆的人，反而能获得更多的尊重。

《被嫌弃的松子的一生》里的主人公松子原本过着家境殷实、幸福美满的生活，但她一生都在不停地寻找别人的爱与认可，使得她的生活就像一场无休止的自我折磨，从中学教师到风俗女郎，她一生都在无底线地追寻爱，可结局是被家人驱赶，遭情人抛弃，被命运百般羞辱，最后被几名少年殴打致死。

在家庭里，松子为了赢得父亲的爱，不惜做出各种鬼脸，只为博得他一笑；在工作中，她为了取悦别人，为偷钱的学生顶罪，结果被开除；在爱情中，她面对家暴的男朋友，总是安慰自己，“即使被打，也比孤单好”。

这种近乎自虐的讨好和付出，换来的却是家人的驱逐和情人的抛弃，最终在孤独中离世。

做人越是无底线地讨好，就越是会被嫌弃。

这听起来有些“反社会”，但实际上，过度的讨好行为让人觉得你没底线，也让人觉得你不够自信，甚至觉得你的善意是一种牺牲。相反，那些看似强势的人，因为表现出自信和独立，更容易赢得他人的认可。

处变不惊，庄重自强。我们的生命不是因为讨别人喜欢而存在的。

一个研究社会学关系的教授说，一些人对他人的意见非常敏感，往往花很多时间去打听别人的观点，尤其是他们对自己的看法。这些人通过别人的意见来决定自己的行为，以达到与他人和谐。无论是在意见上还是在行为上，我们的社会顺从倾向都比较高，不愿意表现得与众不同，而是尽量与他人一致。我们很看重自己的名誉，所以经常调整自我监控的方式与内容，以使自己给别人留下一个良好的印象。

“社恐”的人在社交场合中本来就容易感到焦虑，当你不断尝试满足他人的期望时，压力和疲惫感会成倍增加。每个人的需求都不同且可能矛盾，像是打破砂锅问到底，结果让你越来越累，觉得自己永远达不到他人的标准。

在竭力取悦他人的过程中，“社恐”患者可能会忽略自己的真正需求，会放弃自己的时间、金钱甚至健康，只为避免冲突或迎合他人。这不仅使自我价值受到了侵蚀，还会变得更加焦虑和迷茫。

同时，当“社恐”患者发现自己无法一直满足这些期待时，可能会引发对方的不满或失望，这种紧张关系会让他们更加压抑，从而陷入更深的社交困境中。与其费心费力地、一味地取悦讨好，不如花点时间去提升自己，做一个有用的人，让别人需要你。

不是所有人都会感激你的善良，也不是所有人都能体会你的退让，所以面对生活的狂风骤雨，一定要有主见，把握自己的方向。

第四章

一个好汉三个帮——拒绝社恐有“良方”

荷花虽好，也要绿叶扶。一个篱笆三个桩，一个好汉三个帮。

个人的能力是很单薄有限的，孤独可以使人能干，也可以使人笨拙，更何况，“社恐”从来不是一个人就能对抗的。朋友、家人、知己、医生，甚至陌生人，都可以成为你克服社恐的“良药”。

1 跟“社牛”学习

与凤凰同飞，必是俊鸟；与虎狼同行，必是猛兽。

想要改变“社恐”，就得向“社牛”学习。

与“社牛”并肩，心中会充满阳光；与“社牛”同行，勇气会悄然增长；与“社牛”交往，生活中的真实与美好将不期而遇。

谁也无法一蹴而就，保持自我改变的勇气和渴望，“社恐”没什么可怕的！通过不断自我修正、不断学习、不断自我充实，向“社牛”靠拢，你一样能脱颖而出。

有人说：“择友为人生第一要务。” 一个人的成就不仅取决于自己的能力和努力，更与身边的朋友息息相关。你结交什么样的人，你就会拥有什么样的思维方式和行为习惯，“社牛”就像我们身边的良师益友，潜移默化地提升我们的自信。

择其善者而从之，其不善者而改之。“社牛”的人自信从容，侃侃而谈的气质，就是我们应该“从之”的“善”。

与其自己等待奇迹发生，不如主动去结交更多的“社牛”。你会受到他们的启发，甚至获得提携，从而获益终生。

人一生最宝贵的财富，不是金钱地位，而是结交了可以启迪我们、帮助我们的朋友。

如果说“社恐”是大海上孤独前行的一叶扁舟，那么“社牛”就是乘风破浪的快艇，不惧海浪与黑暗，一路前行。

你可曾听过孟母三迁的故事?

年幼的孟子最初住在墓地附近，每天看到丧葬的情景，不由得和小伙伴们一起模仿哭丧，玩起了“丧葬”的游戏。孟母看着这幅景象，心里直发愁，她认为这样的环境不利于孩子的健康成长，会影响他未来的品性和志向。

第二次搬家，孟家来到一个热闹的集市旁边。孟子看到商人们忙忙碌碌、讨价还价，竟然又模仿起做买卖的游戏。孟母见状，再次担心不已，觉得这种充满铜臭味的环境对孩子的品德和学识没有好处，于是又一次搬家。

第三次，孟家搬到了一个书声琅琅的学堂附近。清晨的读书声让孟子如痴如醉，他趴在窗户上，目不转睛地看着学堂里的一群学生。看到儿子对学习充满了向往和热爱，孟母终于松了一口气，心里也踏实了。

最后，孟子成为闻名的思想家、哲学家、政治家、教育家。

孟母三迁的故事不仅是对教育的启示，更生动地告诉我们，你身边的人对你的成长有多大的影响，他们不会直接告诉你要做怎样的人，而是言传身教，潜移默化地感染你、改变你。

“蓬生麻中，不扶而直；白沙在涅，与之俱黑。”如果你能向“社牛”学习，观察他们的做人准则，在你犹豫不决时，想想他们怎么做的，你就会获得莫大的力量与鼓舞。

2 家庭支持——亲情可以医疗一切

有这样一个小故事。

父亲给男孩布置了一项任务，指着院子里的一块大石头，并鼓励道：“只要你用尽全力，就一定能把它搬起来！”男孩用了许多办法，石头依然纹丝不动，他只能对父亲说：“石头太重，我已经尽力了！”

父亲微微一笑道：“不，你还没有用尽全力。”

男孩不解，父亲回答道：“因为你还没有寻求我的帮助。”

是的，在任何时候，父母是你最大的靠山，而家是我们最温暖的港湾，最坚实的力量源泉。

亲情的力量，如同冬日的暖阳，无论外界如何寒冷，它都能给予我们最深的温暖。家庭作为社会的基石，承载着我们成长的欢笑与泪水，是我们人生道路上最坚实的支撑。

在社交恐惧症的治疗过程中，家人的理解、支持和鼓励对患者的康复至关重要。

阿铭是一个内向的孩子，但真正患上社交恐惧症的根源来自小时候的一段经历。那时他刚上初中，他被同学们点名上台发言，由于紧张，他结结巴巴，最后忘词了。全班同学的窃笑让他感到羞辱和挫败，糟糕的是，当时的老师也没有安慰他，而是大声批评，从那以后，他对任何公开发言的场合都产生了强烈的恐惧感。

这次经历像一根刺深深扎进了阿铭的心里，他变得害怕与人交往，社交成了他最不愿意面对的挑战。每次有活动或者面对陌生人的场合，他总是选择逃避。即使家附近的小超市，他也害怕碰到认识的人而拖延，或者干脆不去。

阿铭的父母看到孩子退缩的生活态度，心中非常忧虑。他们意识到，单靠训斥和催促并不能帮他，反而会加重他的恐惧感。于是，他们决定用温柔的方式帮他走出困境。

他们从日常的小事做起，例如，邀请阿铭一起去超市，但选择较为冷清的时段，并让他自己拿主意买什么；带他去参加一些低压力的社交活动，例如，社区的亲子活动和家庭聚会。每次阿铭表现紧张时，父母都会在旁边鼓励他，告诉他即便出现困难也无妨，重要的是试着去面对和克服。

母亲还有意识地安排一些小型的社交场合，比如，邀请几位亲密的朋友来家里进行小聚，专门为阿铭准备了他感兴趣的游戏和话题，以减轻他的紧张感。同时，她也时常在旁边提醒他："这只是一次轻松的聚会，没有压力的。"家人们细致入微的支持，让阿铭逐渐感受到安全和信任。

随着时间的推移，阿铭的社交恐惧逐渐减轻，开始主动参与一些志愿者活动和社区项目，这些经历让他逐步建立了自信。他意识到，原本困扰自己的恐惧并没有那么可怕，只是自己一直逃避问题。他学会了在社交场合中找到乐趣，并通过与他人互动来改善自己的生活质量。

你看，家庭对“社恐”患者的支持有多么重要。如果不是阿铭的父母从他小时候就敏锐地察觉到他的不对劲，这种恐惧会一直伴随到他毕业工作。

所以，“社恐”患者要懂得寻求帮助，以此“自救”。父母作为我们最亲密的人，应该是我们遇到困难时首先求助的对象。

在家庭中，我们与亲人分享喜怒哀乐，共同度过生命中的每一个重要时刻，无论是成功的喜悦，还是失败的痛苦，家庭都是我们情感的归宿。在这里，我们可以毫无保留地表达自己的情感，感受到亲人之间的深厚情感纽带。

“社恐”，是如同感冒一样普通的疾病，而且它并没什么不好，向父母寻求帮助也并不丢脸。

3 找个知己，让他带着你社交

一个知己比任何医师都可贵。

与其浪费时间和精力在无用的社交上，不如珍惜那个能与你心灵相通、理解你内心世界的知己。

社交圈子如同迷宫，“社恐”的人像是被困在一座无法逃脱的城堡里，面对陌生的社交场合，他们心跳加速，手心冒汗，于是如何走出迷宫，找到一条通往社交自信的捷径，就成了头号难题。而找到一个知己，让他带着你去社交，就是走出迷宫的最佳方案。

“千里之行，始于足下。”你的知己知道你在社交中最怕什么，知道你最擅长什么，甚至知道你最喜欢吃的菜。这样的人，在你需要鼓励时会像一剂强心针，帮助你迈出最艰难的一步。

当你参加社交活动时，总是会碰到各种各样的规则，有些规则是显而易见的，而有些则像潜藏的暗礁，让你摸不着头脑。比如，什么时间该插话，什么话题该避免，如何应对那种让你想找个地缝钻进去的沉默时刻。若你独自琢磨，需要花费大量时间去摸索，但有了知己的帮助，一切就会变得轻松自然。

本人有过一段这样的经历。

有一次我去参加一个公司派对，周围全是我不认识的同事，心里五味杂陈。我的好友小李看到我的窘态，立马给我介绍了一圈，顺便教我如何打破僵局，如何用幽默的话题惹同事开心。他不断给我打气，告诉我该如何做开场白，如何带入话题。我渐渐放松下来，与他们聊天也越来越自然。有他的陪伴，让我感觉社交并没有那么可怕。我不仅融入了圈子之中，还和几位同事聊得很投机，成为互帮互助的合作伙伴。小李的巧妙引导，让我找到了一张通行证，轻松通过了社交的"安全检查"。

所谓千金易得，知己难求，正是如此!

知己不仅仅是社交时的引路人，更是你面对各种挑战时的坚强后盾，陪我们度过孤独又无助的岁月。

记住，真正的朋友在你需要时，总会陪在你身边。那种在你退缩时给你鼓励，在你犹豫时给你方向的人，才是你最好的伙伴。

交朋友可以产生伟大的力量。

和知己在一起的好处不仅是他们的陪伴，还可以从他们身上学到很多社交技巧。通过观察你喜欢的朋友如何与人交往，了解到更多的社交秘诀。例如，他们如何让谈话更加生动有趣，如何处理那些难缠的社交场合，甚至如何在别人的坏情绪面前保持镇定。每次的观察和模仿，都是你成长中的提升。

友情即良药，我们都是彼此的医生。

拒绝社恐

海内存知己，天涯若比邻。

社交场合中的知己，就是将天涯变为比邻的力量，将恐惧变成勇气的魔法。

4 对品质不良的朋友——敬之不如弃之

这世间谁对你最真诚呢？

往往是朋友，因为朋友不会有所顾忌，敢对你说真话，也明白只有坦诚相待，才不辜负你的信任。

那么这世间谁伤害你最深呢？

也是朋友，他们总是表面夸奖你，背后使刀子，让你身陷囹圄，他们抽身而出，还笑着说“他活该如此”这类十分刻薄、让人讨厌的话。

好的朋友就像老师，良师益友，随时维护我们，帮助我们。而品行不良的朋友见不得你的好，当你遇到困难时，反而会落井下石，只会伤害我们。而“社恐”之人，原本社交圈子就小，若遇这种品行不良的朋友，简直是致命伤害。

多少人，因为被朋友“背刺”而心灰意冷，不愿意社交。“社恐”之人本就对人际交往充满不安，如果再遭遇朋友的背叛，这种伤害比刀割还痛，因为它直接戳中了你内心最脆弱的地方！

你分享了自己的秘密，却被“朋友”到处宣扬，结果被群体排挤；你在需要支持时，却被最信任的人冷落和背弃。这些经历让你怀疑自己的社交能力，还让你对他人产生深深的戒备心。

这些负面的交友经历对“社恐”的朋友尤为致命。他们会因为一次背叛而彻底失去对友谊的信心，变得更加封闭。就像《哈利·波特》中的彼得·佩迪鲁，他的背叛不仅毁掉了詹姆·波特的家庭，也让朋友们痛苦不堪。“社恐”患者在这样的情境下，会选择完全逃避社交，以避免自己不再受伤。

航海有时需要弃船，人生有时需要弃友，二者都是非常之举。朋友是装在腔子里的一个灵魂，倘若如此，根本没有“弃友”一词。但交友选择错误，或朋友的人格起了变化，从朋友变成非朋友，就必须做出选择，进行弃友。

一只虱子常年住在富人的床铺上，由于它吸血的动作缓慢轻柔，富人一直没有发现它。一天，跳蚤拜访虱子。虱子对跳蚤的性情、来访目的、能否对己不利，一概不闻不问，只是一味地表示欢迎，还主动向跳蚤介绍说：“这个富人的血是香甜的，床铺是柔软的，今晚你可以饱餐一顿！”说得跳蚤口水直流，巴不得天赶快黑下来。

当富人进入梦乡时，跳蚤迫不及待地跳到他身上，狠狠地叮了一口。富人从梦中被咬醒，愤怒地叫仆人搜查。伶俐的跳蚤逃走了，慢慢腾腾的虱子成了不速之客的替罪羊，虱子到死也不知道引起这场灾祸的根源。

因此在选择朋友时，你要努力与乐观肯定、富有进取心、品格高尚和有才能的人交往，这样能保证你有一个良好的生存环境，这正是孔子所说的“无友不如己者”的意思。

相反，择友不慎，恰恰结交了思想消极、品格低下、行为恶劣的人，你会陷入恶劣的环境中难以自拔，甚至受到“恶友”的连累，成为无辜受难的“虱子”。

假如你已经交上了坏朋友，就要敬而远之，最好把他抛弃，这被称作“弃友”。要知道，把一只烂苹果留在筐里，会使一筐的苹果都腐烂掉。

为什么要抛弃品行不良的朋友呢？

品行不良的朋友不仅会伤害你，还会使本来就“社恐”的你在社交圈中寸步难行。因为大家心里都有一盏“明灯”，那些品行低劣的人，如果你不弃掉，也会被看作同一类人。

如果你身边的朋友总是做一些不光彩的事，比如，言行不一致、失信于人，甚至操控和欺骗他人，大家自然会把这些行为与你挂钩，认为你也是同类。这种认知的转变，会让你在社交圈中变得更孤立和无助。

而与身心健全的人交往，不仅使自己得到别人的尊敬，也促进身心健康，提高我们的社交上限。

有些所谓的“朋友”，不熟不关心你，熟了上门来侮辱你。

亦舒曾说：朋友总是有的，直到一个人完全失去利用价值。这种朋友即为品质不良之人，与其敬而远之，莫如弃之。

5 寻找专业帮助，心理咨询

小张是一个年轻的女孩，她 20 岁，家境一般，性格内向，总是神出鬼没地回避社交场合。19 岁时，她进入了一所专科学院，虽然立志要努力学习，但成绩平平，这让她时不时感到沮丧、悲观，有时还会愤怒和嫉妒。

不过在公共场合，她表现得不以为意，看起来很大方。其实，她常暗地里留意同学们对她的看法，上班后，她几乎不参与同事的交谈，主动尝试与同事交流，因为害怕直视对方，常会找借口走开或背对同事，上下班时故意快走或慢走，以避免和人同行。虽然她知道这样做不对，甚至会引来别人议论，但她就是不敢与人接触，成了真正的“社恐”。

后来，她恋爱了，内心充满对甜蜜爱情的向往，每次面对男友的父母，就心慌脸红，无所适从。一次，在男方父亲的寿宴上，她紧张到四肢发抖，被误以为中暑，赶紧送往医院。之后，她几乎不敢见任何陌生人，甚至和家人共餐都觉得难以忍受，时常找借口留在家里，逃避一切社交场合。

幸运的是，小张在朋友的推荐下，找到了专业心理咨询师，面对医生，她的紧张情绪根本控制不住，心慌意乱，双手颤抖。心理咨询师为了帮助她克服社交恐惧，以极其和蔼的态度关心她，并告诉她，谁遇到陌生人都会心慌，都会颤抖，你要学会大胆交流，学会勇敢说话。渐渐地，他们之间的氛围变得轻松愉快，小张也愿意敞开心扉了。

心理咨询师鼓励小张回忆童年的经历，特别是可能的创伤或不良事件，找出恐惧的根源。接下来的 40 天里，他们进行了六次面谈，每次约谈一个小时。

原来，小张有一个寡言暴躁的父亲和一个逆来顺受的母亲。她的妹妹活泼好动，经常受到父亲打骂，对小张也是脾气火爆，动辄脏话连篇，重则拳打脚踢，小张为了少挨骂少挨打，从小就学会察言观色，懂得说一些讨好的话或用优秀的成绩来避免父亲的责怪，这也导致她心气很高，只要有一次考试没有拿到第一，或者没有获得表扬，她就会抱怨别人或自责，更害怕父亲的态度。这种恐惧从父母蔓延到周遭的同龄人身上，人际交往的问题发展成社交恐惧症。

经过 40 天的治疗，小张的症状有了显著改善。她的恐惧从最初的心慌、面红、气促，逐渐转变成可以面对面交谈，对以往的行为有了全新的理解和认识，心理上的成熟和心境的豁然开朗，让她感受到前所未有的自信。

一年后，小张给心理医生写了一封感谢信。她在信中表达了对医生的深深感激：“我永远忘不了和您的多次交谈，您是那么亲切、和蔼，让我当时濒临绝望的心灵看到了一线生机。我从不相信自己会好，不相信自己能够康复。现在，我已经适应了新的环境，以前说话紧张、脸红、怕见人的现象都不复存在了。人生的道路还很长，我会努力听您的，做一个有希望、有前途的女生。”

在专业心理咨询的帮助下，通过心理治疗，小张从社交恐惧的阴影中走出来，克服了“社恐”障碍。

治疗“社恐”，有两种主要的疗法：一种是行为疗法，一种是系统脱敏疗法。

行为疗法是治疗恐惧症的首选方法，其基本原则包括：解除恐惧对象与焦虑反应之间的条件联系；抵抗回避行为，让患者避开他们感到恐惧的情境，让他们重拾生活信心。

系统脱敏治疗方法使用更广泛，它分为实际脱敏和想象脱敏两个阶段。首先，患者需要进行放松训练。患者列出导致恐惧的情境清单，根据这些情境引发的恐惧程度，从最轻微的情境开始处理。患者逐步面对这些情境，或通过想象体验它们，每个步骤都要求患者在感到完全放松后，才继续到下一个更具挑战性的情境，直到对最强烈的情境不再感到恐惧为止。

阿黛尔·阿德金斯是一位获得格莱美奖的英国歌手和词曲作者，但她曾公开透露，她患有严重的焦虑症，很难在众多观众面前表演。在一场音乐会上，由于焦虑情绪过于严重，她呕吐了，然后跑下舞台，通过消防出口逃生。阿黛尔通过想象碧昂斯处于她的位置会做什么来控制焦虑，同时还去找治疗师帮助控制她的焦虑和抑郁。与其妈妈谈论产后抑郁症也帮助阿黛尔控制了抑郁症，她一次又一次证明，克服社交恐惧症的关键是敞开心扉，并寻求心理医生的帮助。

6 药物治疗——必要时找医生

有一个朋友小时候得了一种“怪病”，有一侧腮帮子经常肿起，严重时疼得不能咀嚼，只能喝粥。有一天，他脸肿得老大，捂着脸去上学，老师和同学发现了，赶紧打电话叫他父母来接，并带他去医院。

在医院一顿检查后，医生告诉他是“细菌性的腮腺炎”，是很常见的一种疾病，开了一些药剂就让他离开了。此时，距离他发作到检查结束，也不过两个小时，用药一个星期后，他的腮腺炎就好了，也没有再复发。

他说，困扰了他那么久的“怪病”就是小小的“腮腺炎”，只要正确用药，治疗竟这么简单，如果他能早点去看医生，就不用受这么久的疼痛之苦了。

从此，他得出一个结论，有病就去看病，医生永远是经验最丰富的。

社交恐惧症也一样，其实是很常见的精神疾病。

只要是病，就有得治。

如果你感觉不对，别害怕，及时去看医生，一定比你在家自己琢磨有用。

而且，很多社交恐惧症患者的病程非常漫长，如果不及时干预，通常会变成慢性病，时间越久，预期的治疗效果越差。一般来说，儿童时期患上的社交恐惧症，治疗效果会好一些，随着年龄的增大，恐惧范围广泛，治疗效果差很多，其终身患病率高达 13.3%。

社交恐惧症实际上就是焦虑症的变种。许多专门治疗焦虑的药物对它也有效果。药物可以减轻因社交恐惧而产生的焦虑感，让患者在社交场合中不紧张。

社交恐惧症患者抑郁的概率比普通人高出四倍，所以医生也会开一些抗抑郁药。这些药物可以改善自卑感，提高心理调节能力和自信心，从而帮助他们缓解社交恐惧。

药物治疗是应对社交恐惧症的一种手段，现如今，治疗这类问题的药物种类繁多，且新药层出不穷。

每种药物在治疗社交恐惧症方面都有自己的长处和短处。虽然药物不能完全消除恐惧情绪，但有些药物可以缓解由恐惧引发的身体焦虑反应，降低自主神经反应。

不过要记住，药物治疗一定要听从医生的建议，不管药物多么有效，还是要小心使用，千万不要过度依赖，产生不良反应。

7 互助小组，大家一起克服“社恐”

社交恐惧症的治疗方法多种多样，有一种方式在治疗过程中显得尤为突出，那就是互助小组。与其他治疗方法不同，互助小组提供支持平台，是一个充满温暖和理解的大家庭。在这里，有许多和你有相似经历的人，通过彼此的分享和支持，逐渐找到克服恐惧的方法。

互助小组，你可能觉得这个词有些陌生，但互助小组的概念并不是新鲜事，早在几十年前，这种方式被广泛应用于各种心理治疗和康复中。最著名的莫过于戒酒互助会，这个组织通过互助的方式，帮助无数人摆脱了酒精依赖。同样的理念也适用社交恐惧症，通过与他人分享自己的经历，听取别人的故事，我们不仅可以获得情感上的支持，还能从中找到克服恐惧的灵感。

柯林从小是个内向的孩子，随着年龄的增长，他对社交的恐惧越来越严重了，每次参加社交活动，他总是感到心跳加速，手心出汗，甚至还会感到头晕目眩。为了改变这种状况，柯林决定尝试加入社交恐惧症互助小组。

拒绝社恐

第一次参加互助小组会议时，柯林的心情紧张得像迷失的小猫。出乎意料的是，小组里的每个人都非常友好，他们用自己的故事和经历欢迎柯林。通过一次次的分享和倾听，柯林逐渐放下心中的防备，他发现大家都有类似的困扰，而每个人都用自己的方式在努力克服恐惧。

通过互助小组的支持，柯林开始尝试更多的社交活动，从简单的聊天到一起做志愿者，每一次经历都让他变得自信，他学会了在社交场合中放松自己，享受与他人互动的乐趣。

加入互助小组并不难，关键是找到一个适合自己的小组，并积极参与其中。可以通过互联网、社区中心或医院等渠道寻找适合自己的互助小组，选择一个你感到舒适的团体，初次参加可能会有些紧张，但要相信自己，用友好的方式面对大家，大家也会用友好的方式面对你！

我看到过一个“社恐”疗愈互助小组的故事，“社恐”患者们抱团取暖，还设置了日常的打卡任务，通过接龙与在线表格，每个人都在疗愈的过程中获得参与感，大家一起在评论区和群组内加油打气，勇敢地分享自己的经历和感受，倾听和支持他人的故事，发现自己并不孤单。

实际上，人们的联合是不可思议的，是一条神奇的“友爱”纽带，能把所有的人联系在一起。

你主动去搜索，就会发现类似这样的小组很多很多，勇敢加入吧！

第五章

主动沟通，打开那扇关闭的门

人生两大憾事：

一种是脑海里有梦，但拖着不做；

另一种是心底里有话，但憋着不说。

所有的喜剧都有着悲剧内核，一路闭嘴，至死都不把窗户纸戳破，那是悲剧。

主动沟通需要智慧，更需要勇气，学会主动沟通，是每个成年人的必修课。

它的价值在于：为你一次次扫荡掉不利于目标达成的心魔。

1 花时间与欣赏你的人相处

“社恐”患者本就困难重重，麻烦不断，身边的朋友又少，如果不能得到鼓励，还处处受到打击，他们更难走出“社恐”的死胡同。

钢琴大师郎朗 5 岁时，曾前往北京跟随一位女教授练琴。

虽然他很用功练琴，但那位女教授却一直不断批评郎朗。每弹错一个音符，她就呵斥郎朗：“你弹的是钢琴吗？你弹得真是太差了，你没有弹钢琴的天赋。”有一次她直接对郎朗的父亲说：“你把孩子带回沈阳去吧，以他这样的资质，很难成为钢琴家，以后就不要来了！”

郎朗听完，直接号啕大哭。此后很长一段时间，他一看到钢琴就浑身发抖，一看到老师就避之唯恐不及，他不想跟任何人交流，更不想再练钢琴了，他成了一个“社恐”小孩。

最后，在父母的开导下，他才解开心结，继续狠下功夫练琴，终成世界钢琴大师。

我们身边就有不少像女教授这样的人，不断地指责你、批评你、打击你。

他们的每一言，每一语，都如一把尖刀，扎向你的内心。和他们在一起的时候，你就觉得自己处处不如人，进而变得自卑怯懦，让你成为“社恐”之人。

心理学家曾奇峰说过：“一个被持续否定的人，无异于时刻在接受法庭的审判。”

若是一直处在这种被打击、被责怪的环境中，你就会产生负罪感，最终生活越过越糟，越来越不想与人接触，越来越“社恐”。

真正的朋友，能读懂你眼中的悲伤，而其他人却相信你脸上的微笑。

欣赏你的人，不会只看到你的表面，而是深入了解你的内心世界。

2018 年，阿联酋宜家店做了一个实验，他们在商场挑了两棵长得一模一样的绿色植物，把它们放在一起，还给套上保护玻璃，给它们相同的光照、水分和营养。重点来了，宜家店的店员对一盆植物每天不停地赞美，对另外一盆植物每天辱骂。结果呢？被骂的那盆蔫儿了；而另一盆茁壮成长，绿意盎然。

赞美对植物尚且如此，更何况对人！

和欣赏你的人在一起，你会坦然面对夸奖，建立自信，进而完整地接纳自己。更重要的是，和欣赏你的人在一起，你会变得更加优秀。

生活已然充满了挑战和困扰，如果缺少了身边人的支持，只会让日子更加艰难，所以与人相处，最关键的就是要懂得欣赏，学会赞美。

真正的聪明人，都懂得与欣赏自己的人在一起，把时间和精力花费在真正有价值的事情上，对懂得欣赏他的人，他是无价的，对不懂欣赏他的人，他一文不值。

一个懂得欣赏你的朋友，会看到你身上的光，看到你的优点，不会只看到你的缺点，然后事事贬低你。我们和欣赏自己的人交朋友，才能做最真实的自己，不会受到他人的贬低而丢失原本不错的自己。

在工作中，我们最希望遇到一个欣赏自己的领导，不仅在工作上顺顺利利，也能实现自己的价值。

能够和欣赏你的人相处，就是在重塑信心，为生命不断赋能。当你的周围充满着赞美与鼓励，你则会鼓起干劲，持续成长；与欣赏我们的人在一起，才能真正感受到生命的美好和充实，就像在春天的花园漫步，处处充满生机与温暖。

那些真正欣赏我们的人就像生活中的加油站，总是不断给我们注入信心和勇气。无论前方有多少坎坷，他们的鼓励和支持能让我们敢于追梦，敢于面对挑战。他们不仅看得到我们内心深处的潜力，还会给我们机会去展示自己的才华。

2 用赞美拉近距离

赞美是一个技术活，当“社恐”的人鼓起勇气发言，看到观众欢呼的掌声和不断的赞美声时，他一定会心花怒放，下次会更加自信。

谁都喜欢被他人赞美，而“社恐”患者想不再“社恐”，就要打开金口，主动沟通，而开口的第一步，先从赞美开始。

我们得到的赞扬就是我们的工薪。

从而可知，每个人都是别人工薪的支付者。在待人处世时，每个人都应该把这种工薪慷慨地支付给应得的人，即使是一句简单的赞美之词，也可以使人振奋和鼓舞，使人得到自信和不断进取的力量。

一个百老汇的喜剧演员曾做过一个揪心的痛苦的噩梦：他梦见自己在一间拥挤非常的剧院里讲故事并唱歌，成千上万的观众看着他，然而无人笑，无人有表情，也无人鼓掌。梦醒后他感叹：“即使每星期赚 10 万美元，那也是人间地狱！”

生活中缺少了赞美和鼓励，谁都会失去自信心，甚至没有了生活的勇气。适当地赞美对方，能够创造出一种热情友好、积极肯定的交往气氛。

人在婴儿时期，从父母的点头、微笑、拍手、抚摸等赞美性的动作中获得满足；成年以后，更多在社会舆论的赞许声中获得强烈的成就感。按社会心理学上的说法，这被称为“社会赞许动机”。诚恳的赞美之声，总能够赢得对方的欢心。

根据行为科学的理论，别人对待你的方式，大部分取决你对他们的态度。有的人总是抱怨别人不热情、不友好。打个比方，面对镜子，如果镜子中的形象令你不悦，最好从自己脸上去找原因。一个热情友好的赞许，总能换取对方同样的态度，从而为相互沟通开绿灯。

很多“社恐”患者并不是没有欣赏他人的能力，而是担心在赞扬一个人的时候对方的反应，内心难免会不自在。如果漫不经心地去称赞他人，很可能招来“哼！这个马屁精”的嘲讽。

当然，赞美是技术活，“社恐”之人最怕自己的赞美成了尴尬的糗场面，反而让自己感到不知所措，担心夸人会不真诚。为了让你能夸到对方心坎上，以下是八个赞美技巧。

1. 着眼赞赏对象独有的特质与卓越之处，以详尽贴切的言辞去描绘。譬如，我们可以说：“你那天马行空的创意和层出不穷的革新思维，实在让人叹为观止。”这样的颂扬，因其翔实具体，能令对方深切体会到你的细心观察与由衷敬佩。

2. 进行创造性表达。举例而言：“你的笑容犹如春日暖阳，洋溢着温暖，每当你出现，总能带给我们满满的正能量，如同心灵的洗礼。”这样的溢美之词，不仅别出心裁，更让人印象深刻。

3. 赞赏他人的奋斗与成长，着重于他们的付出与进步，而非仅仅着眼于结果。这样的称赞显得更加真挚且振奋人心。譬如，你可以说：“我注意到你在职场上的辛勤付出与显著进步，你的卓越表现实在让人钦佩。”

4. 当朋友向我们分享他们的成就或喜讯时，我们应以积极肯定的态度回应，传达我们的赞赏与喜悦之情。例如：“太好了！你的成就真是令人赞叹，你做得太出色了！”

5. 当你赞美别人时，要记得保持微笑，让你的赞美更加友善和真诚。微笑是一种非语言的表达方式，可以传递出你的善意和赞扬。

6. 赞美要发自内心，真诚而无条件，不能给人以“拍马屁”或讨好之嫌。只有当你真正欣赏和钦佩对方时，赞美才会让人感受到温暖和甜蜜。

7. 选择合适的时机和场合来表达赞美，让对方感到舒适和受到重视。避免赞美过多或在不适当的时候说赞美，这可能会给人造成困扰。

8. 在赞美时，确保尊重对方的个人隐私和边界。不要使用不恰当的话语或触及对方不愿意分享的话题。

不管怎样，人总是喜欢被赞美的。只要你不盲目去赞美，真诚而不做作，打从心里抱持着信念的形态去赞美人，你都会获得他人的好感，彼此之间的距离都能“忽”的一下拉近。

3 学会巧妙找话题

“社恐”的人想主动与人沟通，必须找到聊天的话题，而找话题没有固定模式，需要稍微延伸一下，再根据对方的聊天兴趣判断是否深入这个话题。

比如，在地铁上看到情侣互相拥抱，可以与对方吐槽一下试试，看看对方是否也不喜欢这种行为。由此展开一些吐槽话题，再由这个话题延展到自己如果有对象会怎样怎样，一定要基于双方的共同兴趣与共同利益。

有的人非常自我且不自知，无论别人说什么，他都要把话题引到自己身上。譬如别人说今天头疼，其实是想获得一句关心，他非得说我今天腿也不舒服；别人说在某个大赛中获得了大奖，其实是想获得一句夸奖，他非得说那个比赛我也参加过，没什么水平。

找话题不是这么找的，短时间还好，长时间只会让别人越来越厌恶与你交谈。

将自己的热忱与经验融入谈话中，是打动人的快速方法，也是必然要件。如果你对自己的话都不感兴趣，又怎能期望他人感动?

所以，“社恐”的你，找话题最重要的方法就是设身处地，想想你是对方，会如何回答自己。如果你自己都觉得无法作答，无聊无趣，就没必要说出来了。

以下几个找话题的建议，希望能帮到“社恐”的你。

1. 通达对方内心的妙方，就是和对方谈论他最感兴趣的事情，大多数人在说话时都会沉浸在自己的世界里，所以当我们和他们交谈时，可以用对方的爱好挑起话头，用好奇的眼神回应他们的话题。有的人喜欢弹吉他，你可以问，“为什么会想到玩乐器呢”；有的人喜欢打游戏，你可以问，“最近有什么好玩的游戏吗”。如果在对话中，你实在不知道说什么，可以用“真的吗”“然后呢”“哇”这样一些话来体现你对对方的兴趣，并加上一些自己的观点看法。

2. 选择合适的话题，不要触及隐私与敏感问题。有的人一上来就喜欢谈隐私话题，他觉得自己直率坦诚，别人可能觉得他不尊重人。有一位推销员，需要上门向家庭推销公司的牙膏，如果他上来就问，“你口臭吗”“你的牙脏不脏”，估计立刻会被赶出去。

3. 如果你的问题可以只用“是”或“否”回答，那么就换个问法。“你晚饭吃了什么”一定比“你吃了没”能获得更多的信息。“你吃了没”就叫封闭性提问，“你吃了什么”就叫开放性提问。

4. 聊一些大众话题。大众话题就是那些所有人都有所了解的事情，比如，八卦、旅游、明星，最新上映的电影，最近的热搜，在对这些话题的聊天中，你们会互相了解对方的三观和品德，快速拉近彼此的距离。

5. 从对方出发。你可以针对对方的一些生活细节、穿搭、妆容等展开聊天，比如，东西摆放整齐，可以幽默地询问是否有强迫症；或者宠物，看看对方是否有宠物，自行查阅宠物资料，以宠物展开话题。这些都可以作为聊天的方向，当越来越熟悉时，你们也就不存在没有话题的问题。

话题能反映一个人的涵养与素质，“社恐”的人想让别人与自己聊天，还需要丰富自身。《红楼梦》里面的王熙凤，不管什么样的话题，总能妙语连珠。林黛玉初入贾府，王熙凤就夸她像老太太的嫡亲孙女，既捧了林黛玉，又奉承了老太太和她真正的嫡亲孙女。贾母无意谈起自己幼时把头磕出了一个窝，凤姐就联想到寿星老头，说老祖宗从小的福寿就不小。这不仅是她在贾府打理多年所积累的说话技巧，更是她情商与智商的体现。

可见，有什么样的情趣，就有什么样的思想；有什么样的学识和见解，就有什么样的谈吐。

4 学会说场面话

对于“社恐”者来说，少年求学之时，尚可以“两耳不闻窗外事，一心只读圣贤书”，但踏入社会，待人处世多了，免不了要参加一些应酬，去别人家里做客、赴宴及参加其他聚会等。

初入这种场所的你无所适从，汗流津津。那么，学会主动说一些“场面话”，对你之后互通有无、主动沟通大有帮助。

什么是“场面话”？

简言之，就是让主人高兴的话。既然是“场面话”，就是在某个“场面”才讲的话，这种话不一定代表你内心的真实想法，也不一定合乎事实，但讲出来之后，就算主人明知你“言不由衷”，也会感到高兴。

说起来，你可能会觉得讲“场面话”实在无聊之至，因为这几乎和“虚伪”画上等号，但现实社会就是这样，不讲就好像不通人情世故了。

在待人处世时，场面话必不可少。而说场面话也是社交技巧和生存智慧。

（一）学会几种场面话

当面称赞他人的话——如称赞他人的孩子聪明可爱，称赞他人的衣服大方漂亮，称赞他人教子有方，等等。这种场面话有的是实情，有的则与事实存在相当的差距，有时正好相反，而且这种话说起来只要不太离谱，听的人十有八九都感到高兴，而且旁人越多他越高兴。

当面答应他人的话——如“我会全力帮忙的”“这事包在我身上”“有什么问题尽管来找我”等。这种话有时不说不行，因为对方运用人情压力，当面拒绝，场面会很难堪，而且当场会得罪人；对方缠着不肯放你走，那更麻烦，所以用场面话先打发下，能帮忙就帮忙，帮不上忙或不愿意帮忙再找理由，总之，有缓兵之计的作用。

（二）如何说场面话

去别人家做客，要谢谢主人的邀请，并盛赞菜肴的精美丰盛可口，并看实际情况，称赞主人的室内布置，小孩的乖巧聪明……

赴宴时，要称赞主人选择的餐厅和菜色，当然感谢主人的邀请这一点绝不能免。

参加酒会，要称赞酒会的成功，以及你如何有“宾至如归”的感受。

参加会议，如有机会发言，要称赞会议准备得周详……

参加婚礼，除了菜色之外，一定要记得称赞新郎新娘的“郎才女貌”……

说“场面话”的“场面”当然不止以上几种，至于“场面话”

的说法，也没有一定的标准，要看当时的情况决定。不过切忌讲得太多，要点到为止，太多了就显得你虚伪而且令人肉麻。

总而言之，“场面话”就是感谢加称赞，如果你能学会讲“场面话”，对“社恐”的你就解决了一大难题，你与人主动沟通就有了可聊之语，慢慢地，你就能走出“社恐”的泥沼。

5 主动沟通前，先做个铺垫

铺垫是沟通艺术的基本功。

想主动跟人沟通，“社恐”人士不能急，不能直入主题，要先找一些题外话，比如，先寒暄闲聊，拉一些家常，讲一些有趣的事情或笑话，甚至先安排吃饭、唱歌等。先营造出一个轻松愉快的氛围，让对方开心、高兴，拉近双方的距离，只要对方开心了、高兴了，铺垫就做得差不多了。

紧接着，说一件与主题相关的事情，通过相关事情的讨论，逐渐引入主题，或者先说与主题相关的一些细节原委，再提出自己的看法和需求。这样做的目的是先获得对方的态度，取得对方的理解、信任和同情。

有一个成语叫“抛砖引玉”，意思是抛出砖头，引来玉石，用自己不成熟的意见或作品引出别人更好的意见或作品。

谈话就是“抛砖引玉”的过程，这不是叫你去自贬，而是让你先抛出一个简单的、显而易见的观点，看看别人会怎么回应，在交流与碰撞中，发现彼此的闪光点。在主动沟通之前，“砖”就是你的铺垫。

下面就是一个运用铺垫法说话技巧的案例。

某某的丈夫“社恐”，“社恐”成了“妻管严”，他早早回家做了一锅红枣饭。妻子下班回来，端起碗高兴地问：“这枣真甜啊，哪儿来的？”

丈夫支吾半天，说是乡下姨妈捎来的。

妻子不无感慨地说：“姨妈想得可真周到啊，年年捎枣来！”

丈夫轻声说：“我从小失去父母，就是姨妈把我抚养大的！”

妻子说：“她老人家这一生也真够辛苦的。”

这时，丈夫叹了口气说：“听捎枣的人说，姨妈的老胃病又犯了，我想……”

“那就接来呗，到医院好好治治。”

丈夫话还没说完，妻子就说出了丈夫想要说的话。

这就是一个运用“铺垫”法的典型案例，丈夫先准备一锅红枣饭，妻子回家后主动提起红枣的话题，问起了红枣的来源，丈夫很自然地聊起姨妈对他的好，把自己辛苦带大，取得了妻子的理解和同情，最后提出了自己的想法，获得了妻子的许可。我们不得不佩服这位丈夫虽然“社恐”，话也不多，但很有“计谋”！

如果这位丈夫开门见山：“我姨妈老胃病又犯了，我想把她带到医院去好好治治。”

很容易受到妻子的抵制和反对，因为对方根本不了解老公提出这个想法的原委，冒出抵触性的想法：“凭什么？”

即使后面老公再作解释，妻子勉强赞同，心里也不会高兴，因为前面的抵触情绪已经产生，就很难轻易消退。所以先铺垫，再提需求，对方就不会产生抵触情绪，事情就可能得到圆满解决。

情景喜剧《东北一家人》里有一句万能的开头，那就是“哎？你一说这个事吧，我就想起……来”。这句话简直是聊天神器，简单实用，还没有那么多花里胡哨的语言。当别人说完后，你就用这句开场白，再接话或者插话，引出自己想说的内容。这个方法很自然，不会显得突兀和尴尬。

这样的开场白给了你时间去想好要编什么故事，或者找到合适的话题来继续聊天。在主动沟通之前，先用这句话做个铺垫，既能让对方觉得你在认真听，又能巧妙地引出你想聊的话题，简直就是聊天中的神助攻。

如果你觉得别人说得不对，也不要立刻否定对方，迂回一点，想好了再作答。

谈话不能突如其来，而且不能从最棘手、对他最不利的这一点开始。

“社恐”的人要积极主动与人沟通，必须先厘清自己的思绪，说话要言之有物，以此说服、引导、感染和劝诱对方。说话是为了人与人之间相互了解，而不是为了相互隐瞒，是为了促进而不是阻碍相互交流。

6 多与人打电话，消除害怕心理

能打字就绝不打电话，听到电话铃声就烦，这是“社恐”人士的基本心理。

在社交软件上和陌生人能相谈甚欢，在朋友圈和朋友能捉弄打趣，为什么还害怕接打电话？

当手机铃声突然响起，“社恐”人士的大脑就开始疯狂运转：这是谁打来的？会不会有什么紧急情况？我该怎么回应？这些未知和不确定性让他们感到紧张和不安，心理压力使得对接电话产生了恐惧，甚至宁愿选择发送消息或邮件来避免直接通话。

电话，是一种即时通信方式，与虚拟聊天不同，它要求你立刻做出回应，不像手机工具聊天，可以延时回应或不回应。

电话，少了更多的躯体信息，不必面对面交流，如果当面交流，“社恐”人士会产生强烈的应激反应，对方甚至能看到他们发白的脸色、流下的虚汗和颤抖的手指，但打电话避免了这一情况，本质上也减少了“社恐”的人对别人议论的担心。

换个思路，作为一种中间态，多打电话可以帮你有效消除害怕心理。他需要我们快速组织语言，清晰表达想法，同时也能倾听对方的声音和情感。这对我们的表达能力和反应速度都有提升，长此以往，你在面对面交流时也会更加淡定。

而且电话沟通能让我们逐渐适应与人交流的感觉，像在高考前，我们会举行很多次模拟考试，在公开表演前，我们也有预演彩排。

一位网友说，有一段时间我也超级“社恐”，不敢接电话，那段时间真的有点难受，后来经朋友的安慰和陪伴，我好了很多。她告诉我，谁也不会在意你说的每句话，做的每个动作，人家可能下一秒就忘了，就你自己还在意着。再说了，电话隔着屏幕，你怕什么？你的人生没那么多观众，为什么不能活得大胆一些？

一开始，我们会紧张到手心出汗，但随着打电话次数的增加，很多担心都是多余。这种“彩排”有助于我们在其他社交场合更加从容。

尤其是对于“电话恐惧症”影响工作生活的人来说，与其逃避拖延，不如积极行动。如果仅仅因为怕遇到难题、怕求人被拒绝而不想打电话，工作和生活极可能就会一团糟。打电话前，你可以做点小准备，写个草稿，厘清思路。在接电话时，放下“完美主义”，接纳自己，用一次次积极的小改变来缓解社交的焦虑。

沟通是人类永恒的话题，虽然每个人的社交方式不同，但真诚的沟通是最有效的。习惯在网络上字斟句酌、反复打磨，其实也会制造社交焦虑。不妨直接主动地给好友、家人打个电话，煲上一锅“电话粥”，在即时的一对一沟通中，让真挚的情感通过电波传递，听筒里那熟悉的声音，有着任何文字都无法替代的温度。

与其逃避，不如勇敢面对。试着放下手机键盘，拿起电话听筒，打破那些自我设限的屏障。电话沟通并没有那么可怕。就像和朋友喝杯咖啡，一边聊着天，一边拉近彼此的距离。

每次接打电话，都要用实际行动告诉自己：我可以做到。这样一来，工作和生活中的“社恐”，也会在不断练习中消失。

慢慢来，从简单的“您好”问候开始，一步步积累信心。主动的电话沟通，可以让“社恐”的人不再“社恐”，甚至聊到兴致处，你口若悬河，口吐芬芳，逐渐向“社牛”靠拢！

7 学会搭讪，要多跟陌生人说话

因为双方都没有开口，很多友谊就这样失去了。

“社恐”的人含蓄内敛，一般不太会主动搭讪，这种性格让人变得自闭。其实，主动搭讪不仅能帮助我们结识贵人、朋友和获得机会，还能培养我们开放的心态和胸怀。

因为我们“社恐”，总是喜欢等待，期待别人先来搭话，不愿主动出击。

很多人无意间断了自己的后路，就是因为放弃了最基本的社交方式——搭讪。

美国前总统小布什曾经说过，他的人脉资源基本来自主动搭讪。

罗西是一位作家，曾经很“社恐”，他在大学时代不敢跟人打招呼，生怕开口就露怯。

有一次，他参加了学校社团组织的勤工俭学活动，和一群同学一起卖报纸、卖面包。他从头到尾都站在路边发呆，一脸害臊，不敢吆喝，一天下来，连本儿都没挣回来。毕业前，一位老师在毕业纪念册上给他留言：“毕业了，你还有一门能力挂科——搭讪！”

后来，他也意识到了这个问题，步入社会后，他决定刻意练习大胆主动跟人打招呼，严格要求自己每天必须完成一定的搭讪量，主动和陌生人说话。起初，他只找年长的人做实验，台词无比八股老套："大爷，吃了没？"慢慢地，他尝到了甜头，胆子大了，信心也来了，开始面向广大异性搭讪，措辞越来越精彩独特。比如，普通男士赞美女性，通常只会语言贫乏地说"你很美"，他换了一个词，说："你很风雅。"

他管这种练习叫作"每日一讪"，经过"每日一讪"，他搭讪的对象也不局限于老人了，男女老少统统都是搭讪对象。而搭讪不再是他的软肋，成了他社交的一大优势，赢得了不少朋友和机会。那门挂掉的"科目"他终于重修通过了。

交流就是分享思想和感受。

哪怕搭讪出丑，我们也可以一带而过。陌生人今天来，明天走，很难再相遇。不过，搭讪也要讲究技巧，不要"嗲味十足""油腻猥琐"，要体现你的真诚和有用价值。

与陌生人交流，有一个小窍门："找准共同话题。"

如果你觉得跟对方总是聊不到一起，那可能有两个原因。

第一，你没用心去听，也没认真去挖掘，我们生活在同一个时代、同一个地方，只要你用心去找，肯定能找到一些共同的兴趣点或经历。你可以聊聊当下的热门话题，或者共同经历的社会事件，这都会有不少共同的话题。

第二，你对对方知之甚少，你要反思是不是在知识储备上有点欠缺？平时有没有多关注些社会热点、流行趋势或者对方可能感兴趣的领域？多了解世界，才能有更多的谈资和更宽广的视野。

与陌生人交流，就像调制一杯合口的鸡尾酒，得用心去调配，找到一丝共同的味道，才会让谈话更加愉快顺畅。

“社恐”人士别老想封闭自己，适当放下面子，主动出击，世界其实很友好，你的每一次主动打招呼，都可能是改变人生的机会。

第六章

多参加社交活动——要去外面看世界

社恐者觉得做不到就什么都不做，宅在家里，让自己更加“社恐”。

社恐不丢脸，而没有勇气走出狭窄空间，不敢去面对社会，才会显得格格不入。

大胆走出去，多运动，多跟人交流，多参加社交活动，大部分人都不会嘲笑你，相反，还有人会体谅你、理解你。

1 聚会聚餐，我去

一个人从出生到老，都避免不了饭局。

出生要请满月酒，上学要请升学宴，现代职场上，更是发明了一个新词，叫作“团建”，就连周末，还要和朋友聚聚餐呢！

自古以来，聚会聚餐就是谈天说地，放松打趣，《兰亭集序》中讲文人雅客曲水流觞，诗酒唱酬，多么快活！大家相聚，坐在河渠两旁，上流放置酒杯，酒杯顺流而下，停在谁的面前，谁就取杯饮酒，意为除去灾祸不吉，表明对生活与自然的美好热爱。

聚会聚餐也常与政治活动联系在一起，鸿门宴、煮酒论英雄、杯酒释兵权，这些著名的历史事件都发生在宴会上，摇唇鼓舌之间，大家随机应变、审时度势，展现个人魅力，创造一段段历史佳话！现在谈生意，遇到困难，老板也喜欢把人约出来见个面，推杯换盏之间定乾坤。

在饭局酒局上，除了一起寒暄，大家还可以交换信息，如果你总是推拒饭局酒局，不仅容易失去和朋友之间的“纽带”，也容易错失很多机会。当大家某次提到聚会上的某个内容哄堂大笑，意味深长，而你却一无所知，懵懂地尴尬一笑，是多么糟糕的心理体验。

拒绝社恐

某公司老板请客，顺带两个新来的实习生陪同。客人是南方人，口味清淡，点的菜很符合客人的喜好，但两个新来的员工都是四川人，爱吃辣，一坐下就开始抱怨菜不够辣。

老板虽然心里不爽，但还是面带微笑又点了两道辣菜。

这两道辣菜一上桌，实习生们像是看到了宝，不停夹菜往碗里放，完全无视其他人。吃完后，他们还自豪地说："这两个菜还不错嘛！"

回到公司，老板也不啰唆，很快把两个实习生解雇了。

饭局上不懂得照顾他人感受，自私地表现自己，这样的员工谁敢留？

这则故事告诉我们，吃饭不仅是吃菜，还要懂得"吃"人情世故，不然，随时可能被老板"请"走哦。

饭局学问大，餐桌见人品。

聚会聚餐，我去！不仅要去，还要"为我所用"。

如果条件允许，找个你熟悉或信任的人陪你一起参加饭局。带上"盟友"能让你感觉有底气，能在你不知所措时帮你解围。毕竟，有个靠谱的伙伴在身边，你在社交场合就不会像无头苍蝇般乱撞。不仅给自己增加信心，还能巧妙应对各种场面。饭局上有个"盟友"，就像打怪升级有个强力队友，关键时刻能保你一命。鸿门宴上，危机四伏，正是在张良、樊哙等人的帮助下，刘邦才成功逃脱，避免了杀身之祸。

"社恐"如何应对饭局？先答应，再练习，由此循序渐进，切记，如果你一直拒绝，那么你永远也没有第一次，更没有进步空间。

盛宴易散，良会难逢。

饭局你必须去，与众人一起赴宴，坐自己的席，历尘世的险。

2 娱乐活动，我参加

彼之蜜糖，我之砒霜，说的恐怕就是“社恐”人士参加娱乐活动的心理状态。

人们常常忽视了玩乐的重要性，仅把它当作一种休闲活动。在中国的传统价值观里，“玩物丧志”“好逸恶劳”代表了对娱乐活动的偏见。

其实，娱乐在生活中扮演了重要的角色，在2013年《中国美好生活大调查》中，那些每天娱乐一个小时以上的人，比那些娱乐不足一个小时的人，幸福感要高得多。

如果生活是一幅画卷，娱乐活动就是那一抹亮色，让你从单调的日常中跳脱出来，享受那份轻松和愉悦。

对于“社恐”人士而言，娱乐带给他们的好处比常人更重要。

“社恐”人士之所以害怕社交场景，就是担心在别人眼里自己看起来很蠢，但“玩乐”是让人忘记时间的魔法，当全身心投入娱乐活动中时，时间仿佛静止，与此同时，自我意识也会减弱，不必担心自己是否看起来得体，聪明还是笨拙，平时让我们冥思苦想的问题，此时也变得不重要了。

此外，玩乐还具有即兴发挥的潜力。它不拘泥于死板的做事方式，而是敞开心扉，接受意外的发现和机会。在玩乐中，我们乐于加入看似不相关的元素。在游戏过程中，我们以不同的方式看待事物，从而获得新的见解。在这个过程中，“社恐”人士会发现自己的“另一面”，从而收获自我肯定的庞大价值感！

那么，“社恐”的小伙伴们，你该如何从容地参加娱乐活动呢？

首先，参加娱乐活动不能为了参加而参加，而是为了享受生活，扩展自己的社交圈，克服面对陌生人时的不安和紧张。

小时候学骑自行车时，总会跌倒，但当你掌握了平衡后，就能骑得飞快，甚至享受那种风驰电掣的快感！

尽管你对多人打闹嬉戏的场合心存畏惧，但勇敢参与进去，你就会大胆起来。只有多次参与游戏活动，让游戏成为一种习惯，你就不会害怕，让它顺理成章，自然就不再畏惧了。

你还担心做得不好，会被别人嘲笑。其实，娱乐活动的核心是享受过程，而不是追求完美。

有一个年长点的“社恐”朋友参加了一个舞蹈班，虽然四肢不协调，经常跟不上节奏，但老师和同学们都非常友好，大家一起笑着纠正他的动作，享受其中的欢乐。渐渐地，他不再害怕出错，反而因为这些小错误，他和大家的关系更加亲密。后来他跟大家感叹，只要放松心态、真诚待人，没有什么可怕的。他不再“社恐”，很享受与他们在一起练习舞蹈嘻嘻哈哈的日子。

当然，我们参加娱乐活动时，最重要的是放松心态，不要给自己太大的压力。把每一次活动都当作一次探索，带着好奇心去发现新事物。比如，你可以尝试一下观光旅游，去一个从未去过的地方，体验不同的文化和风景。这能让你开阔眼界，增加与人交流的话题。

享受生活才是最重要的，要快乐，这样就够了！

3 瑜伽健身，我可以

患有“社恐”的人，生理上会分泌失调，不过通过合理的锻炼，可以调节这种失调反应。

运动可以提升心率，从而促使大脑分泌有助于抗焦虑的神经化学物质，比如，让人愉悦的多巴胺、让人放松的5-羟色胺，以及有止痛效果的内啡肽。而且，它还能激活大脑中负责执行功能的额叶区域，从而控制杏仁核的活动。你可能疑惑额叶和杏仁核是什么，杏仁核是你焦虑的“调度员”，它一激动就容易让你陷入恐慌，而额叶则是冷静的“大脑总指挥”，帮助你维持镇定。

锻炼不仅可以从生理上帮你改善“社恐”，还可以有效地将你的注意力从负面情绪中转移，让你从那些烦恼的阴霾中解脱出来。

正如卡尔·赫希特所说的那样：人的健康是可以通过锻炼的方法来改善的。

现在，瑜伽健身不仅成为强健体魄的方式，更是一种人际交往的方式。如今很多年轻人每天往返于家、工作地和健身房三点之间，有的人甚至健身成瘾！

瑜伽练习通常在集体环境中进行，追求沉静和谐的环境，对于想尝试社交但又担心的“社恐”人士来说，是一个很好的开始。

关上房门，铺开瑜伽垫，点上一支香薰，轻柔的音乐在耳边环绕，你开始跟随呼吸的节奏，慢慢放松身心。它能让你暂时摆脱外界的压力，还能让你重新找回内心的平衡。瑜伽是一个让你专注于自己、提升自信的好方法。

现代生活节奏快，工作压力大，很多人都有颈椎、腰椎问题。练习瑜伽还可以有效地舒缓这些部位的紧张和疼痛，瑜伽中的各种体式能够拉伸肌肉，增强柔韧性，让你的身体更加健康、轻松。身体好了，心情自然就好了，整个人都会积极向上。

丹曾经是一名军人，然而命运跟他开了个玩笑，在一场战争中，他不幸失去了双腿。身体上的伤口还能愈合，但内心的重创让他在战后的阴影中难以自拔，他怕人讥笑他是残废，不敢与人交往，生活彻底失序，跌入“社恐”的痛苦深渊中。一次偶然的机会，他遇到一个瑜伽老师，并开始尝试这种让人把身体扭成“花卷”的运动。通过瑜伽，他找到一股神秘力量注入了灵魂，不仅修复了战争带来的创伤，还发现了心灵的力量，开始跟其他练习瑜伽的朋友沟通，并且得到了众人的赞誉。后来，他教授瑜伽，不仅帮助士兵们从战后创伤中恢复，还开设了工作坊和瑜伽培训班，与他的学员其乐融融，从“社恐”的状态中走了出来。

凯瑞是照片墙（Ins）上的网红瑜伽老师，社交平台上的她是一个充满活力和正能量的人，但谁能想到，曾经的她患有椎间盘突出和纤维肌痛综合征。疾病让她的生活一片黑暗，情绪失控，还因饮食不健康导致了肥胖。她开始讨厌自己，讨厌生活，不敢出门，也不与人打交道，成了“社恐”人士，后来为了减肥，尝试练习瑜伽，通过瑜伽体式、呼吸法和冥想，她的世界开始变得明亮起来。

凯瑞说：“瑜伽不再只是一个和外在体貌有关的词，而是和我作为一个人、我是谁有关，它是我内心的光。”通过瑜伽，她不仅找回了健康，还找回了对生活的热爱。如今的凯瑞热爱生活，成了一道光，向大家传递着积极健康的正能量。

你或许会问：“瑜伽这么个人化的活动，怎么能帮助我提升社交能力呢？”

答案很简单，瑜伽课就是一个很好的社交平台。你可以选择报一个瑜伽课，在那里你会遇到很多志同道合的小伙伴，大家一起练习、一起交流，大家的目标都是一样的，就是通过瑜伽找到身心的平衡和宁静。

此外，瑜伽还可以帮你提高专注力和自控力。练习瑜伽，你需要专注每一个动作、每一次呼吸，这种专注力可以延伸到你的日常生活中。你会发现自己在面对社交场合时，能够更加冷静和自信，不再紧张和害怕了。

4 探视拜访，我关心

人情是需要往来的。

我们都生活在一个互相依赖、互相支持的社会中，无论是日常的小恩小惠，还是重大场合的帮忙和支持，这些都是人际关系中的润滑剂。

“礼尚往来，投桃报李”不仅是礼节，更是社交智慧。如果你只知道接受别人的帮助，却从不主动回报，久而久之，人们会对你产生不满，觉得你是个只知道索取的人。

正所谓“来而不往非礼也”，这不仅是古人的教诲，更是现代社交中的金科玉律。

懂得“礼尚往来”不仅能增强彼此的信任和感情，还能在关键时刻得到别人的支持。就像竹子，看似独立，但地下根系却相互连接，只有相互支撑才能共同成长。如果我们总是独来独往，不懂得感恩和回报，就像断了根的竹子，随时可能倒下。

对“社恐”者来说，学会“往来”尤为重要。社交恐惧让人难以与他人接触，若能从小处着手，从简单的人情往来开始，比如一句关心的话、一次小小的帮助，你会发现人与人之间的互动很简单。

小李是个典型的“社恐”患者，他决定改变自己，每周去探望一次住在附近的奶奶。起初，他感到非常紧张，甚至不知道该说什么。奶奶了解他的性格，热情地招呼他坐下，给他倒茶，聊聊家常。随着时间的推移，小李感觉跟奶奶聊天轻松自然，加上她的笑容和温暖的话语让他备受鼓舞，他越来越想跟奶奶聊天，期待每周的探访。

通过这段经历，小李不仅和奶奶建立了更深的感情，还在不知不觉中提升了自己的社交能力。他学会了如何倾听，如何回应，甚至开始主动分享自己的生活。这个小小的举动，为他打开了社交的大门。

探望拜访他人可以提供更多实际的社交经验，让“社恐”者逐渐适应不同的社交情境。正所谓“熟能生巧”，多练习才能让社交变得自然。通过探望拜访，加强人与人的联系，可以达到心灵的统一，不仅能丰富社交圈，频繁的互动还能帮你提升口才和沟通技巧，让你更加自信。

对于主动提出的拜访，必须注意一点，要事先把预约的时间、地点和活动内容考虑周到，用电话或书信告诉被拜访者，如能口头告知更好。约会的提出者不管用哪种形式提出约聊，都要用客气、商量的语气，不能用强迫或命令式的口气说话。关于约会时间、地点及活动内容，也要征求对方意见，以取得对方的合作与支持。如果对方因各种原因拒绝约见，不要生气或抱怨，要大度地、轻松地说“等你方便的时候再来”，用此话缓解遭到拒绝的尴尬。

下面几点，是探望拜访需要注意的。

1. 从熟悉的人开始。初期可以先探望亲密的朋友或家人，因为与熟悉的人交流压力较小，有助于建立信心。

2. 设定小目标。不要一下子要求自己做太多，如每周拜访一两位朋友，逐渐增加频率。

3. 带点小礼物。拜访时可以带一些小礼物，不仅是礼貌之举，还能让社交互动更加轻松愉快。

4. 准备话题。提前准备一些轻松的话题或有趣的故事，这样在拜访时不会感到无话可说，交流会更加顺畅。

5. 保持积极心态。不要对每次社交互动期望过高，接受可能出现的小尴尬，相信每次都是进步。

走访慰问送关怀，浓浓真情暖人心。通过这些小小的行动，你将逐渐克服社交恐惧，成为一个自信、从容的社交达人。

5 社团俱乐部，我愿意

社团和俱乐部都是基于某种兴趣衍生而成的“大部落”，在这里，你可以短暂地忘记自我，专注自己热爱的事业，大家互相鼓励，互相帮助。

一个人的力量是有限的，特别是面对社交恐惧时，那种孤单和无助感简直让人抓狂。若此时有一个充满温暖和支持的社团俱乐部出现，它就像一道曙光，照亮了我们前行的路。加入社团俱乐部不仅能让我们找到志同道合的朋友，还能在不知不觉中改善我们的社交能力，提升自信心。

大家都知道艾玛·斯通吧？这个在《爱乐之城》里让我们哭得稀里哗啦的奥斯卡影后，也曾经是“社恐”患者。小时候的艾玛在公共场合经常感到紧张和焦虑，甚至一度让她觉得无法融入正常的社交圈子。但聪明的艾玛并没有因此退缩，她选择加入学校的戏剧俱乐部。在那里，她找到了自己的舞台，通过不断排练和演出，克服了社交恐惧。最终，她不仅在演艺事业上大放异彩，还变成了一个自信、开朗的人。

社团俱乐部不仅是娱乐和学习的地方，更是一个可以治愈心灵的港湾。

再说说艾伦·德杰尼勒斯，这个美国著名的脱口秀主持人，她也曾是个不折不扣的“社恐”患者，小时候害羞内向，经常在社交场合中手足无措，为了改变这种状况，她决定挑战自己，加入多个社团和俱乐部，积极参与各种活动，克服了社交恐惧，并找到了属于自己的幽默感。现在的艾伦成为许多人心中的榜样和灵感来源，她的经历证明，“社恐”并不可怕，要勇敢去尝试群体活动，社团俱乐部就是最佳的群体活动之一，它能给我们带来无限可能。

真的这么神奇吗？

只要勇于参与，奇迹就会发生。

1. 找有兴趣的。根据自己的兴趣和爱好选择社团，这样更容易融入并找到共同话题。无论是摄影社、读书会还是运动俱乐部，只要你感兴趣，就大胆去尝试吧。

2. 积极参与活动。不要只当个旁观者，积极参与社团的各种活动，展示自己的才华和特长。在活动中，通过互相支持和鼓励，你会逐渐感到自在和放松。

3. 建立人际关系。通过社团活动认识更多的朋友，扩大自己的社交圈。

4. 分享和倾听。不要害怕表达自己的想法和感受，同时也要学会倾听别人的故事。

5. 持续坚持。社交恐惧不是一天两天就能克服的，需要时间和耐心。

通过参与社团活动，我们不仅可以结交新朋友，提升社交能力，还能在不知不觉中找到自信，走出社交恐惧的阴影。

所以，别再犹豫，加入一个你感兴趣的社团，让社交恐惧见鬼去吧！

6 志愿服务，我参与

志愿服务，听起来有点高大上，好像是那些“白衣天使”或“无名英雄”才做的事。其实不然，志愿服务的门槛并没有你想象得那么高，我们从小就被教育要“助人为乐”，说白了，志愿服务就是把这种精神带到现实中去。

别以为志愿服务需要多么伟大的无私付出或者多么高深的社交技巧，有时只是一个简单的微笑、一声亲切的问候，就能带给别人温暖和力量。

有人会问，为什么要参与志愿服务？难道这不是浪费时间吗？其实，志愿服务不仅是一种奉献，更是一种自我提升的方式。

《论语》中说：“己所不欲，勿施于人。”

通过志愿服务，我们可以更深刻地理解他人的需求，培养同理心和责任感。更重要的是，在帮助别人的过程中，我们也在不断提升自己的社交能力和自信心。

参与志愿服务，可以让我们打破自身的社交障碍，接触到各种不同背景和性格的人。在与他们交流、合作的过程中，我们会发现，自己并不孤单，每个人都需要帮助和支持，这种互助互爱的体验，会让我们的心灵得到洗涤和升华。

志愿服务的意义不仅在于帮助他人，还在于从中学到宝贵的经验。

一个人可以照亮一条路，一群人可以温暖一座城。

我们在温暖别人的过程中，其实也在温暖自己。

志愿服务是克服社交恐惧的有效途径之一。因为在志愿服务中，可以让我们暂时忘记自身的恐惧和不安，集中精力去完成任务。参与志愿服务，不需要你具备多么高深的专业知识或技能。很多志愿服务都是从简单的事情做起，如社区清洁、老人陪伴、孤儿院探访等。

志愿服务不仅能帮我们打开新的社交圈子，还能让我们结交到志同道合的新朋友，甚至找到人生中的“贵人”。那些参与志愿服务的人士，可能是学生、白领、退休人员，也可能是各行各业的专业人士，在与他们的交流中，能给我们带来意想不到的知识和帮助。

而且，参与志愿服务并不难，我们可以通过各种途径，找到适合自己的志愿服务项目。比如，可以通过互联网搜索，找到当地的志愿服务组织和机构；也可以通过朋友介绍，了解一些志愿服务的机会；或者，直接到社区中心或公益机构，咨询相关的志愿服务项目。

志愿服务不仅是帮助他人的善举，更是提升自我、拓展社交圈的好机会。下次有志愿活动，你一定记得报名哦！

7 旅行小团，我出发

有人说过，一生中至少要有两次冲动，一次为奋不顾身的爱情，一次为说走就走的旅行。

旅行，不仅是一次身体的远行，更是一次心灵的洗涤。对于“社恐”人士来说，和一群陌生人旅行，听起来像是自虐，其实，这是非常有效的社交练习。

你和一群志同道合的人背上行囊，一起去探访未知的美景，无论是攀登险峻的山峰，还是漫步于静谧的古镇，每一段旅程都是一次新的开始，在这个过程中，你不仅能欣赏到风景，还能结交到新的朋友。

旅行是在一个相对轻松的环境中与他人互动，没有工作和生活的压力，大家处于放松和愉快的状态，这时的交流是最真实、最自然的。

《西游记》里的唐僧师徒四人，不就是一路上相互扶持和帮助，才最终取得真经的吗？

阿丽是个典型的“社恐”人士，但她非常喜欢旅行。一次偶然的机会，她报名参加了一个小型旅行团，和一群完全陌生的人去西藏。她看到了梦寐以求的布达拉宫，还认识了一群有趣的新朋友。每天晚上的篝火晚会，大家围坐在一起，唱歌、跳舞、聊心事，阿丽发现，原来和陌生人交流并没有想象中那么可怕。旅行结束后，她和这些新朋友保持了联系，甚至还计划了下一次的旅行。

旅行使人性中温暖的因子弥散开来。虽然旅途也有困厄和风雨、艰难和险恶，但是，这不会阻止真正的旅行者的脚步。旅行正是以一种充满未知的魅力，激起人们的向往。

参加旅行小团，你会有更多的机会展示自己，无论是拍照时的姿势，还是在旅行日记中的文字，每一个细节都能展示出你独特的一面。

旅行的迷人之处在于扛着不轻不重的今生，到处浏览自己的前生和来世。

你可以在篝火晚会上，表演一个小节目；可以在徒步旅行中展示自己的体能和毅力；可以在对风光的摄影中发现自己的拍照技巧。

这样展示自我，不仅能提升我们的自信心，还可以让我们在他人面前留下深刻的印象。

回首往事，我们依旧会感动，曾经勇敢地踏入一场说走就走的旅行，和那些本该成为陌生人的伙伴共同编织一场回忆。

所以，“社恐”的小伙伴们，不要再躲在家里，背上行囊，加入一个旅行小团，去发现世界的美好！在旅途中，你不仅能收获美丽的风景，还能收获珍贵的友谊和宝贵的经验。

下一次旅行小团，我等你一起出发！

第七章

锻炼好口才，学会敢于表达

说话是门艺术，练好口才，你就是人生的导演。

好口才是一把利剑，能助你披荆斩棘，所向披靡。

“会说话的人有糖吃，不会说话的人吃苦头。”

口才好，能提升你的自信和魅力，帮助你战胜社恐！

1 不要怕说错话

年轻人要学会敢于表达，不要怕说错话。

这并不是要年轻人言谈肆无忌惮，而是要他们大胆表达，多说多练，哪怕说错话，也不是大问题。

年轻人最大的优势是不怕犯错，因为没有包袱，不要怕说错话。最怕的是说错了话，自己不知道说错了，或明知道自己说错了，还很固执，非要去抬杠，这必须加以避免。

我们从小受到的教育，不太鼓励在公众场合表达自己，被教导要低调，谦虚，谨慎说话，甚至要“沉默是金”。然而，学语文中的“语”代表说话，“文”代表写作，但你不表达自己，你的语文能力就少了一半。

很多人可能写作很好，但口头表达欠缺。当今时代，公众表达能力尤为重要。无论是求职面试，还是融资路演，甚至是产品推介，良好的表达可以事半功倍。因此，不要再强调谦虚低调，而要同时不要怕说错话，这个世界上没有人是完全正确的！

不要怕说错话，也不要嘲笑别人犯错！

你若不说话，不会有麻烦；你若开了口，就得有才干。

很多人都被这句话吓倒了，愈发觉得沉默是金，但你不开口，又如何进步呢？

“社恐”人士就生怕自己说错话，不敢表达，死要面子活受罪。他们死守面子，做什么事都怕丢脸，做什么都怕犯错误。

孔子说：“过而不改，是谓过矣。”意思是说，错了不知悔改，才算真的错了。

人无完人，没有人不犯错，有时甚至还一错再错，既然错误不可避免，可怕的并不是错误本身，而是怕出错不肯说。

其实，“社恐”的人如果能坦诚面对自己的弱点和错误，再拿出足够的勇气去承认它、面对它，不仅能弥补错误所带来的不良后果，而且能加深领导和同事对他的良好印象。这不是“失”，反是最大的“得”。

即使傻瓜也会为自己的错误辩护，但能承认自己错误的人，就会获得他人的尊重，而且令人有一种高贵诚信的感觉。

每个人都会犯错，尤其是当你精神不佳、工作过重，承受太沉重的生活压力时，偶尔不小心犯错是很普通的事情，关键是犯错后要用正确的态度对待它。犯错不算什么罪大难饶的事，“有则改之，无则加勉”，只有放下面子，不再固守所谓的自尊，人才能坦诚地面对自己、面对他人。

拥有敢于犯错的勇气，就拥有了敢于社交的魅力！

在尚能犯错的时候多加练习，不怕犯错，真上场了才能出口成章！

不小心说错话，请不要在意，因为在意你的，只有你自己。

我们难免会有失言失态的时候，可能情绪激动，说了不该说的话，或者一时糊涂，做出了错误的选择。

当这种情况发生时，我们往往会后悔、自责，甚至担心别人的眼光和议论。然而，这种担心只会让我们更加痛苦和焦虑。

真正强大的人无畏他人的看法，要想改变“社恐”，要想变得强大，就要正视自己的缺陷，视他人的目光如盏盏鬼火，大胆去走你的路！

哪怕走错了路口，也要告诉自己：没关系，多拐几道弯，一样能走出一条康庄大道。

2 提高情商，学会与人交流

我们身边，到处都是“社恐”的人，他们小时候父母管教得太严，经常被批评，没有自信，不敢与同学朋友来往，极度自卑，极度内向，走向社会以后难以融入工作圈和朋友圈。

所以，现在不少人都以“社恐”自称，更喜欢一个人待着，不爱社交，不喜欢主动与人展开话题交流，虽然乐得自在，可到职场上就吃大亏了，太过内向轻则同事领导觉得你没什么存在感，晋升遥遥无期，重则别人会觉得你没情商。

面对这种情况，“社恐”的人先要学会接纳自己，主动与人交流，要勇敢一点，在公共场合多讲话，在各种会议上发表自己的观点，时间长了就会改变自卑和内向的性格。

“社恐”已经成为越来越多的人面临的挑战。它不仅影响个人的心理健康，还可能阻碍职业发展和人际关系。

社交恐惧主要源于对他人评价的过度担忧和对社交场合的恐惧。这种恐惧源于过去的负面经历，或是对未知社交情境的不确定感。要战胜社交恐惧，我们要学会自我调节，提高情商，学会与他人交流。

第七章

锻炼好口才，学会敢于表达

情商是什么？它是心理学家所提出的与智商相对的概念，情商越高的人，越有为人处世的魅力。

智力决定了一个人能否在一生中取得成就，但现代心理学家认为，情商比智商更重要！

成功者是 80% 情商 +20% 智商，失败者是 20% 情商 +20% 智商。

情商就是能让人把缺点转变为优势的奇妙力量。

那么，“社恐”之人如何提高情商呢？

1. 学会倾听。倾听是沟通的基础。通过倾听，我们可以更好地理解对方，减少误解和冲突，从而减轻社交恐惧。在心理学中，积极倾听，如反射性倾听和同理心，可以帮助我们与他人建立联系。

2. 善于表达。清晰、准确地表达自己的想法和需求，可以增加自信，减少社交场合的不确定感。心理学中的自我肯定，可以正面自我对话、自我表达训练，可以帮助我们更好地表达。

3. 情绪管理。学会控制自己的情绪，保持冷静和理智，可以更好地应对社交场合的压力和挑战。心理学中的情绪调节，如深呼吸、冥想和情绪释放，可以帮助我们管理情绪。

4. 换位思考。设身处地地考虑他人的感受和需求，可以增进彼此的理解和信任，减少社交恐惧。心理学中的共情，情感共鸣，可以帮助我们更好地理解他人。

5. 适应能力。根据不同的人和场合，调整自己的沟通方式和策略，可以更好地融入社交环境，减少社交恐惧。心理学中的认知性，如思维重构、问题解决，可以帮助我们适应不同的情境。

6. 冲突处理。学会以平和的心态面对冲突，通过有效的沟通技巧，寻求双方都能接受的解决方案，可以减少社交场合的紧张和恐惧。心理学中的冲突解决，如有效沟通和妥协，可以帮助我们处理冲突，也会让自己变得更轻松。

通过自我心理学的调节和平常的训练，我们可以逐渐克服社交恐惧，打开人际交往这扇门。战胜社交恐惧需要时间和耐心，坚持不懈，相信自己，一定会走出社交恐惧的阴影，享受人际交往的乐趣和人脉收获。

3 勇于表达自我

我们每一个人都是闪耀的星，而我们都该为自己发光。

真正的魅力是真诚的自我表露，当你把自己独有的一面显示给他人时，魅力也随之而来。

那些不敢表达自我的“社恐”人士，他们在社交场合看似镇定自若，实则内心波涛汹涌，忍受煎熬，默默承受痛苦，也不敢发表意见。

这些人往往缺乏自我表达的技巧，让自己处于被动当中——

因为不懂得表达，自己吃了不少亏……

因为不会表达，他们的真实想法常被误解，从而产生隔阂……

因为不会表达，他们难以在社交中为自己争取到更多的资源和机会……

因为不会表达，他们的高质量工作成果常常得不到应有的重视……

因为不会表达，他们的各种关系往往走向破裂……

你明明很优秀，却因为“社恐”，不敢表达而怀才不遇！

一个人绝对不可在遇到危险威胁时，背过身去试图逃避。若是这样做，只会使危险加倍。如果你立刻面对它毫不退缩，危险便会减半。决不要逃避任何事物，决不！

“社恐”的人都有一个共同点，就是不愿意主动表达自己的情感和想法。

我们因为某些自己不擅长或者不喜欢的东西，而对自己产生负面情绪，但是，必须认识到，每个人都有缺点，没有人能够全面占据优势。要想让自己变得更加开朗，需要先接受自己的缺点，然后努力在优点上做得更好。

勇敢表达，不仅是勇气与自信的表现，更是自爱的体现。

例如，在工作中的小张，总是在团队会议上沉默寡言，即使有好的想法也不敢说出来。结果，他的创意被更善于表达的同事抢走，晋升的机会也失之交臂。

无论是企业家、政治家还是艺术家，他们无一不具备高超的表达能力。他们敢于分享自己的观点和梦想，敢于在众人面前展示自我，从而赢得更多的机会和支持。

勇于表达自我，才能让自己的光芒真正闪耀。不要害怕犯错，每一次表达都是一种成长，每一次交流都是一次学习的机会。只有不断地尝试和改进，我们才能在社交和职场中找到自己的位置，战胜“社恐”，取得成功。

当你又一次因为害怕被误解而不敢上前时，请用这句话激励自己：我要有能做我自己的自由，和敢做我自己的胆量！

4 多上台发言，锻炼演讲能力

辩论赛、小组会议、亲友聚会……只要你想，一切场所都可以成为你上台发言的机会！

富兰克林·罗斯福是美国第32任总统，可以说，正是因为卓越的领导能力和演讲技巧，他成为历史上最受欢迎的总统之一。他1933年上任时，美国正处于大萧条的困境中。经济崩溃、失业率高涨，整个国家弥漫着绝望和恐惧的气息。为了稳定民心，他通过广播向全国发表了一系列的“炉边谈话”。这些演讲不是干巴巴的政策宣讲，而是用通俗易懂、亲切温暖的语言与民众交流，仿佛他就在每个听众的客厅里，和大家坐在炉火旁谈心。

罗斯福通过“炉边谈话”成功地传递了信心和希望，他谈论经济复苏计划、银行改革、新政的各种措施，同时也回应民众的疑虑和担忧。这种亲切的沟通方式不仅让听众感受到总统的关怀，更让他们对政府的决策产生了信任。他的演讲不仅稳定了金融市场，更激励整个国家走出了困境。可以说，“炉边谈话”在某种程度上拯救了美国经济，也塑造了罗斯福作为伟大领袖的形象。

即使没有面对面，只是通过广播，罗斯福这样的人都能让大家感到深入人心的力量。

演讲是极具力量的表达形式，只要你做好准备，就能够通过语言影响听众的思想和行为。

你是否了解 TED 演讲①？每年 3 月，TED 演讲将在北美召开，各行各业在这里分享他们的哲思与探索。从 2006 年开始，TED 演讲的视频就开始传到网上，大家感叹演讲时那激动人心的力量，他们的发言从北美传播至世界，激荡着每个人的心灵。

演讲是人人都有的一种潜在的能力，问题在于每个人是否发现、发展和利用这种天资，一个人能站起来当众讲话是迈向成功的关键一步。

是的，在 TED 演讲的人不限阶级、不限学历，从普通人到社会精英，每个人都能够上台分享他们关于技术、社会、人的思考和探索，你也可以。

演讲不仅能传递信息，更能激发人心、改变社会。因此，我们每个人都应该重视演讲能力的培养，通过多上台发言锻炼自己的语言表达能力。

每一次发言都是一次机会，通过不断地练习，我们可以逐渐克服紧张和胆怯，建立起自信心。

通过演讲，我们学习如何清晰、有条理地表达自己的思想，提高沟通能力。

---

① TED 演讲，是指由美国非营利性组织 TED 主办的一系列研究性演讲活动。

每一次上台发言，都是一次自我挑战的过程。

善于演讲的人，能够更有效地传达信息，影响他人的思想和行为。

所以，无论是学生时代的课堂发言，还是职场中的会议演讲，甚至是公共场合的观点分享，我们都不要错过每一个锻炼自己的机会。就像罗斯福通过“炉边谈话”激励了整个国家，我们也可以通过不断锤炼自己的演讲能力，影响和改变自己和周围人的生活。

勇敢地站上讲台，用你的语言点亮世界！

5 尝试辩论，赛场见真章

在年轻人中，现在流行着一种有益爱好——“看辩论赛”。

大家甚至说，看辩论赛会上瘾！

辩手们在赛场上激烈交锋，智慧火花四溅，让人看得热血沸腾。每次看完比赛，都会激发出强烈的学习欲望。

那些精彩的辩论片段，在网络上流传，动摇着许多人的观点，这正是辩论的力量！

想锻炼口才的“社恐”者，是否也想来一场激动人心的辩论赛呢？

一场辩论赛不仅能加深对话题的理解，还能提高表达能力和决策力。更重要的是，你可以学习许多实用的说话技巧。

辩手们之所以能在赛场上滔滔不绝，离不开他们强大的知识储备和精湛的口才。他们能随时引用历史典故，妙语连珠，临场反应迅速，逻辑严谨，尤其是正反双方针锋相对时，更是让人兴奋不已。

尝试辩论，对“社恐”人士的口才训练大有帮助。

辩论需要事前进行详尽的知识储备，肚子里有货，自然妙语连珠。在辩论中，不仅要掌握大量的背景知识，还能够快速组织语言，以最有说服力的方式表达自己的观点。

辩论赛不仅是思想的较量，更是自我提升的绝佳途径。通过辩论，可以不断锤炼口才和思辨能力，让自己在赛场上展现真正的实力。

一旦上场，不管是赶鸭子上架还是如何，在那种氛围下，你都必须逼着自己说出点什么。

每次赛后的复盘，更是帮助你回顾哪里可以做得更好，队友们的帮助就像珍贵的老师，一点一点帮你打磨自己的表达。

久而久之，习惯了辩论赛场的“社恐”者，日常社交就不再会瑟瑟发抖了。

通过辩论，你还可以克服对公众表达的恐惧，提升自信。辩论赛场就是一个展示自我、挑战自我的地方。在这里，你可以不断打破自己的界限，发现自己的潜力。通过参与辩论，不仅能提高口才，还能提升综合素质，让自己在各种场合都能从容应对。

生活就是赛场，你必须和所有人竞争，得到那个万里挑一的机会，让所有人都信服于你。

所以尝试辩论吧！勇敢地站上辩论的舞台，用你的语言和智慧展示你的风采，通过辩论，你能成为锻炼口才的最有价值的选手（MVP）。

有人说：“无论什么辩题，最终都会回归到对人性、行为和自我认识的探讨上。”

世界并非非黑即白，许多事情没有绝对的对错，更多时候是视角和层次的不同。辩论赛教会了我们不要急于下结论，也不要轻易否定自己的观点。

它需要你坚定信念，对自己的观点坚定不移。

辩论的最终目的，不是为了战胜对手，而是更好地认识自己。

而这正是“社恐”患者的自我修行之旅。

6 幽默改变距离，让人从此记住你

谁都愿意跟有幽默感的人接触，谁都不喜欢跟一块木头打交道，而幽默是一种无形的力量，它能缓和气氛，让人们在轻松愉悦的氛围中交流。在人际沟通中，幽默能使陌生人在短时间内变得熟悉，能使好的关系锦上添花，更能使尴尬变得烟消云散，恰如当初。比如，有人想平息餐桌上的争论，他哭着说道："诸位，刚才是一道什么菜？大概是鸡！""是的。"一位客人回答。"一定是公鸡！"他一本正经地说："原来是鸡在作祟，难怪大家要斗起来。"说完他举起酒杯，"来点灭火剂吧，诸位！"一场餐桌上的征战顷刻间就平息了，在场的人都认为他既风趣又有礼，自然让一桌人记住了他。

幽默是一种快乐的表达，我们用幽默去调节人际关系，用幽默去化解困境，但幽默也要有水平、有智慧，幽默本身就是绝妙口才！

很多人认为幽默就是让人发笑，属于讲讲笑话或调侃，其实不然，幽默虽引人发笑，但引人发笑不是目的，而是为了营造说话气氛，使对方在愉悦之中得到深刻的启示，在心中留下轻松、活泼、美好的智慧痕迹。

当然，要把幽默的话说得好听，方式和尺度的掌握就很重要：

对自己，对待好的朋友，可以根据适当的情况说些自嘲和解嘲的幽默；对待同事宜多用愉悦式和哲理式的幽默；对待恶人，不妨运用些讽刺性幽默，讥讽的同时，给周围的人快乐，也体现了自我智慧。

如果你学会了幽默，你就不再“社恐”，离“社牛”也就不远了！

文学大师钱锺书先生是个甘于平淡的人。他不愿被人炒作，也不愿抛头露面，只想一心做学问。他的《围城》出版后，在国内外引起了轰动。很多人对钱锺书比较陌生，许多记者想见一见他，但都被他谢绝了。

一天，一位英国女士打来电话，说她很喜欢《围城》，想见见钱先生。钱锺书婉言谢绝，那位女士却十分执着，最后他实在没有办法，便以其特有的幽默语言对她说：

“假如你吃了一个鸡蛋觉得不错，你认为有必要去认识那只下蛋的母鸡吗？”

美国前总统里根和加拿大前总理皮埃尔·特鲁多是同乡，因此在美加外交关系上，两位首脑就没少利用这个优势。特鲁多曾特意请里根到自己的老家，并以老乡的身份盛情款待。

当里根以美国总统的身份第一次访问加拿大期间，他自然少不了发表演说。可加拿大的百姓一点也不买他们总理与这位总统的账，举行反美示威的人群时不时地打断这位总统的演讲，特鲁多对此深感不安。倒是里根洒脱，笑着对陪同的特鲁多说：

“这种事在美国时有发生，我想这些人是特意从美国赶来的，他们想使我有种宾至如归的感觉。”

紧皱双眉的特鲁多顿时眉开眼笑，心中的疑虑一扫而光。

当然，这些名人在幽默的同时也体现了自身的修养，这是一种精神，也是一种习惯，更是一种智慧与口才的体现。

人人都有自己的职业，都要从事某项工作，都有自己的交际圈，都有自己的人际关系网，要使事业更上一层楼，赞美能让人际关系变得融洽，而幽默能让你们的距离变得更近。

学点幽默能促使你与领导、同事建立和谐的关系。有人说，获得工作上的成就和事业上的成功要具备很多条件，而幽默在人情世故中，可以发挥想象不到的作用。

譬如，一个公司的电话员，他不停地应付客户，接电话，做记录，在职员和经理之间传达信息。有个不知姓甚名谁的人打来电话，用命令式的口气说："我要和你们的经理说话。"她便客气地问道："能否告诉我你是谁？"那人话中带着火气，嚷道："快给我接你的经理，我要立即同他说话！"她只好温和委婉地说："很抱歉，经理的电话都是我'过滤'后再转给他的。"那人只好自报家门，把自己的姓名和电话号码告诉她。她把这件事告诉经理，经理大笑，说她做得好，从而使她与经理保持了良好的关系，后来她被提拔到重要的工作岗位上，这是灵活运用幽默化解打电话的冒昧者。

相反，有一位女青年毕业之后，想找一份有意义的工作。在人才交流中心，工作人员问她："你在做生意方面经验如何？"女青年不予正面回答，却反问："您是指哪一方面的生意？我只有了解生意的内容之后，才能说出我在这方面有没有经验。"这样一句反问成了一句令人发笑的话，这个女青年不会运用幽默说出自己不知道许多生意的窍门，使人感到她没有这方面的经验，所以别人不会把她看作可用之才，因此她没有获得理想的工作。这时她若能说一句：“我相信您也看到了我现在正在谈生意，我正在推销我自己！”就会有意想不到的效果了。

7 实话巧说，坏话妙说

实话巧说可以让真实变得唯美，可是坏话怎么说才能变得唯美呢？

我们经常遇到这样的情形：同样意思的话，有人说出会遭人厌烦甚至暴打，而有人说出则让人感到无比畅怀，使人感激。

原因何在？答案就在于说话的“巧”和“妙”。

有一位国王，一天晚上做了一个梦，梦见自己的牙掉光了，于是他找来两个解梦人。国王问道：“为什么我会梦见自己满嘴的牙掉光了？”第一个解梦人说：“陛下，梦的意思是，在你所有的亲人都死去以后，你才死，一个都不剩。”国王一听大怒，命人将他拖出去暴打一百棍。第二个解梦人说：“尊敬的陛下，梦的意思是，您将是您所有亲人中最长寿的一位呀。”国王一听，高兴得不得了，赏了他一百金币。他们俩说的话其实都是一个意思，可是说同样的事，一个挨了一百棍，一个被赏了一百金币，就在于后者说得巧，说得好听。

一位销售人员在市场上宣传灭蚊剂，他的演讲吸引了一大堆顾客，可是却没人购买。突然有人向他提出一个问题：“你敢保证这种灭蚊剂能把所有的蚊子都杀死吗？”这位销售人员机智地回答：“不敢，在你没打药的地方，蚊子照样活得很好。”这句巧妙玩笑话很真实地表达了灭蚊剂不可能给所有蚊子灌敌敌畏一样把蚊子杀光，他告诉顾客一个事实，让人们愉快地接受了他的宣传，于是几大箱灭蚊剂很快销售一空。

在某公司举办的化妆品展销会上，几位年轻的营销人员用十分专业的术语详细地向消费者介绍了公司产品原料、配方、性能、使用方法，给人以业务精通的印象。在回答消费者提出的各种问题时，他们反应很快，对答如流，既彬彬有礼又幽默风趣，给人留下难忘的印象。但对产品的功效人们始终抱有怀疑，因为不是知名品牌，在可信度上人们无法相信。

消费者问：“你们的产品真的像广告上说的那样好吗？”一位营销人员立即答道：“您试过后的感觉会比广告上说得要好。”

消费者又问：“要是买回去，用过以后感觉不好怎么办？”另一位营销人员笑着说：“不，我们想念您的感觉。”

营销人员的回答并没有肯定产品效果像广告那么好，这种事情是没法保证的，越是信誓旦旦地保证越容易让客户觉得不真实，所以他用“想念您的感觉”来回答，比直接肯定来得更可靠。

结果此次展销会大获成功，不但产品销量超高，产品品牌的知名度也大幅提升。在公司此次召开的总结会上，经理特别强调，是营销人员语言训练有素促成了这次展销活动，他要求公司全体人员向这位营销人员学习，在“说话”上下一番功夫。

第七章

锻炼好口才，学会敢于表达

对于“社恐”人士，他们和陌生人交流时总是躲避，或者有时心中想好了怎么去“巧”说，就是没有勇气开口，或者不断犹豫，最后失去了巧说的机会。

俗话说：一张好嘴养全家，一张巧嘴走天下。

良好的人际关系是“聊”出来的，优秀的业绩是“讲”出来的，成功的一半是“谈”出来的。你要改变“社恐”的状态，又想少说话，就要懂得去妙语表达，话不多，但每个字都有力量，这才叫一语中的，字字珠玑。

我们常说“会做的不如会说的”，“社恐”的人害怕失败，他们想表现好，但又担心会失败所以说话时就会越来越紧张，如果学会了坏话妙说，好话巧说，将对方放到相同的位置谈话，勇于表达，把控社交自然不在话下。

8 批评也是一种艺术

作为“社恐”人士，要他去批评别人，或许比杀了他自己还难，但有时，对方确实说得过分，或做得出格，若不批评，对方还洋洋得意，怎么办？

这也太 emo（郁闷，心情不好）了！如果不指出他的错误，那么承担错误的人就是你。

批评的艺术就像是一把钥匙，不仅能锻炼你的口才，还能帮助你打开自信的大门。

真正的批评，是在尊重和建设性中找到平衡，如果能让批评变成阳光雨露，让人快乐地接受，你的“社恐”就好了一大半了。

某学校几个同学在期中考试中得了满分，有点飘飘然，班主任发现了，对他们说：“怎么，得意了？你们知道这意味着什么吗？好好听听下午的班会。”那几个同学猜想：糟了！下午的班会，准是狂风暴雨！

下午，班主任给大家讲了一个故事：“林子大了，什么鸟儿都有；天下大了，什么老鼠都有。有只小老鼠外出旅游，恰好两个孩子在下兽棋，小老鼠在旁边偷看，它发现兽棋中的老鼠可以被猫吃掉，被狼吃掉，被虎吃掉，却可以战胜天下第一的大象，它认定自己才是真正的百兽之王！小老鼠得意起来，觉得猫、狗、狼、老虎都不过是小儿科，它决定打败大象给大家看看，趁着黑夜钻进大象鼻子，大象觉得鼻子痒痒，打了个喷嚏，小老鼠像出膛炮弹似的飞了出去，只听‘扑通’一声掉进了臭水坑里！”

老师忽然加强了语气：“现在请大家注意，‘臭’字是怎么写的，‘自’‘大’再加一点就是‘臭’。也就是说自大一点就是臭，有趣的是，今年正好是鼠年，咱们班有不少属鼠的同学吧，这些‘小老鼠’们会不会掉进臭水坑呢？我相信不会，但必须有一个条件，那就是永不骄傲！”

说到这儿，班主任特意看了看那几个同学，那几个得意的同学当即明白，老师的批评包含在有趣的故事中！他们深感惭愧，对老师的这种不点名的批评方式极为感激，很快改正了自己的缺点。

批评人有很多方法，不同人对于不同方式的批评感受不一，如果能采用对方认可的批评方式，会增强批评的效果。

1. 无人在旁侧，方为批评之宜，须避人耳目，以免造成不必要的尴尬。

2. 姿态不要高高在上，声音不要太高亢；在表达批评之意时，应谨慎避免采取傲慢的姿态，言辞中不应带有俯视的语气；同时，在阐述观点时，也应控制音量，使之保持平和，不宜过于激昂。

3. 在批评时对事不对人，不能人身攻击他人人格，重在事实本身，而非个人特质；只对行为或成果提出客观的指正。在交流中，应当着重于改进事宜，而非对个人品头论足。

4. 先赞其长，后指其短，以期共进。首先对对方的优点予以充分的肯定与嘉许，其次婉转指出其不足之处，以期达到激励与改进的目的。

5. 尽量缩小批评范围，巧妙引导对方自我反思，以启迪其内在领悟。

6. 说这件事，不要翻旧账。在评论人物或事件时，应尽力规避重提过去的不是，以公正客观的态度对待每一分析，彰显出宽容与进步的风范。

最后强调一个特殊的批评方式，用提问的办法进行批评。

1989 年年底，在纽约哥伦比亚大学物理楼，李政道博士为 120 多名中国留学生做学术报告，坐在后排的学生有的不认真听讲，互相“咬耳朵”，李政道非常生气，声色俱厉地说：

“请各位听着，你们有这么好的机会坐在这里听报告，但在听报告的同时希望大家思考几个问题。你们考上中国——美国联合招考的物理学研究生算得了什么？你们考第一名又算得了什么？难道中国青年就是这样吗？你们谁学了东西请举手？你们对得起自己吗？你们必须努力。两百年来中国人是受压迫的，炎黄子孙是要抬头的。你们是精英，你们必须尊重自己，你们是要负责的。”李政道连用了六个诘问，关于批评只字未提，可是批评之意却锋利无比。

这种批评是能引起巨大反响，但是有一点，用提问的方式进行批评要视对象的思考接受能力而定，要确定这样的批评他们能理解。

第八章

你是最棒的——改变派头，提升气质

外表是你的名片，气质是你的标签。

无论走到哪里，外表是你给世界的第一印象。

穿着得体，发型合适，提升自信，你是最棒的，还怕小小“社恐”？

1 穿着很重要，人靠衣装马靠鞍

日本管理学家斋藤武之介认为，当人们第一次互动时，90% 的印象来自服装。

英国前首相丘吉尔认为，服装是最好的名片。

衣着常常代表着一个人的内在。

你有没有这样的经历：穿着一套旧衣服出门，总觉得不自在，生怕遇到熟人；而穿上一身得体的新装，整个人都神清气爽，自信满满。这种微妙的感觉，不是你的错觉，而是穿着对你心里和气质的真实影响。

俗话说，“人靠衣装马靠鞍”，穿着不仅仅是遮体保暖，还是你与世界交流的一种方式，是你个人品位和身份的外在展示。

一个人的穿着风格能透露出他的性格、生活态度和品位。

心理学研究表明，人们在见面后的 7 秒钟内，就会对你形成初步印象。这种印象不仅基于你的面部表情和言谈举止，更重要的是你的穿着打扮。一个穿着邋遢的人和一个穿着整洁得体的人，谁更容易让人产生好感？答案显而易见。

在一些重要场合，如求职面试、商务会议或社交聚会，得体的穿着能大幅提升你的形象分。穿着考究的西装、合身的礼服，能让你看起来更专业、更有品位。正如时人所说：“衣冠楚楚，气度不凡。”好衣装能为你加分不少。

当然，穿着不仅仅是为了给别人看，也是给自己看。当你穿上一套合身的衣服，照镜子时看到自己精神焕发、神采奕奕，自信心油然而生。

那么，如何选择适合自己的穿着呢？

首先，要根据场合选择服装。正式场合应穿着正式的服装，如西装、礼服；休闲场合可以选择轻松舒适的衣物，如牛仔裤、T 恤。

其次，要注意服装的颜色搭配。不同的颜色能传达不同的情感和信息，如黑色显得稳重，白色显得干净，红色显得热情。

此外，穿着要合身，不宜过紧或过松。合身的衣服能更好地展示体型，让你看起来更有精神。一个穿着过大西装的人，看起来就像偷穿了大人的衣服，既不合适又显得滑稽。而一套合身的西装，不仅能展现你的身材曲线，还能提升你的整体气质。

除了衣服本身，细节也很重要。干净的鞋子、整洁的头发、得体的配饰，都是穿着的一部分。一个小小的细节，往往能体现你的生活态度和品位。

有人说：“细节决定成败。”在穿着打扮上，这句话同样适用。

一个销售员因为睡懒觉，衣服扣子系错了，衬衫皱巴巴的，还粘上了墨水，而今天，他的业绩果然为零。

要善于把服装当成得体的“语言”，着装会直接反映一个人的修养、气质与情操，能赶在别人认识你或你的才华之前，向别人透露出你是什么人物，穿着适宜还是对别人的尊重。

当穿着正式服装时，你会感到更加自信和有掌控力，这就是“穿衣效应”。所以，当你面对挑战时，不妨穿上你最喜欢的那套衣服，给自己一个心理暗示：我是最棒的！

从今天起，关注自己的穿着打扮。

学会穿着，让自己在人群中闪闪发光，大胆做自己！

2 换个发型，换个心情

给自己一个新的开始，从“头”开始！越“社恐”越要改变自己，换个发型，换个心情。

心理学研究表明，人们在改变发型后，往往会感觉心理上的解脱和新生。因为外表的变化、发型的改变，给人一种全新的自我认同感。

发型是一个人整体形象的重要组成部分。你穿着最时尚的衣服，配上最精致的配饰，但如果发型不合适，整体形象也会大打折扣。相反，一个合适的发型，能够提升你的整体气质，让你看起来更有精神和魅力。发型如同一幅画的框架，再好的画也需要一个合适的框架来衬托。

不同的发型，传达出不同的性格。短发给人干练、果断的感觉，而长发则显得温柔、优雅，卷发显得活泼俏皮，直发则显得沉稳大方。选择一个适合自己的发型，不仅能让你看起来更美，还能更好地展示你的个性。

在古代，男子二十岁要束发戴帽，意为加冠，女子十五岁会将头发绾起来，并戴上簪子，富贵人家，还要举办隆重的加冠礼或者及笄礼。

对于古代男子，加冠礼是相当隆重的。由父亲主持，并由指定的贵宾为行礼的青年加冠，象征着拥有治人、为国效力、参加祭祀的权利。加冠礼分为三加，即初次加缁布冠，再次加皮弁，三次加爵弁，每次加冠都配有相应的服饰，象征着成年后的责任和义务。

怪不得古人说：冠虽敝，必加于首；履虽新，必加于足。这正说明了发型的重要性。

现在我们不再讲究这些习俗，但每个人都不可避免地被他人的外表所吸引和影响，而发型作为外表的重要组成部分，自然也起着重要的作用。一个时尚、合适的发型，能让别人对你产生好感，增加你的吸引力和亲和力，反之，一个不合适的发型，则可能会让别人对你产生负面印象。

选择发型时，不仅要考虑流行趋势，更要考虑自己的脸型、发质和生活习惯。不同的脸型适合不同的发型，比如，圆脸适合稍微长一点的发型，能够拉长脸部线条；而长脸则适合稍微蓬松一点的发型，能够增加脸部的宽度。发质也很重要，细软的头发适合一些层次感强的发型，而粗硬的头发则适合一些简洁大方的发型。

除了这些，生活习惯也是选择发型的重要因素。如果你是一个生活忙碌的人，不太适合那些需要频繁打理的发型，而应该选择一些简单易打理的发型。这样不仅能节省时间，还能让你每天都保持最佳状态。

当你找到一个适合自己的发型后，整个人的气质会大幅提升。

每次照镜子看到自己精神焕发，心情也会随之变好。好的发型能让你在人群中闪耀，成为焦点。

因此“社恐”人士，不妨大胆尝试一下新的发型，给自己一个全新的面貌和心情。无论是微小的修剪，还是大胆的改变，都可能给你带来意想不到的惊喜。

最后，别忘了保持头发的健康。定期修剪，使用适合的洗发水和护发素，保护头发不受损害，让你的发型始终保持最佳状态。

养好受伤的头发，保持百斤左右的体重，照顾好挑剔的胃，交一个能一路废话的朋友；给自己疲惫的生活找一个温柔的梦想，然后彻彻底底跟过去的悲伤道别。

而选择一个好的发型，就是“社恐”人士接下来要做的事。

3 好好阅读——腹有诗书气自华

你读过的书，学过的知识，都会悄悄地在你的气质中显现出来，让你在人群中散发出与众不同的光彩。那些在职场上游刃有余、在人际交往中如鱼得水的“社牛”，往往有一个共同点：他们不仅知识渊博，而且谈吐优雅，气质不凡。这种气质不是天生的，而是通过不断地阅读和学习，一点一滴积累起来的。

李世民不仅是一位卓越的政治家、军事家，更是一位博览群书、腹有诗书的帝王。他从小就喜欢读书，熟读《诗经》《尚书》等经典，这不仅让他在治理国家时游刃有余，更让他在与文人学士交流时，自然流露出一种儒雅气质。可以说，李世民的成功，离不开他那深厚的文化修养。

不仅帝王将相通过读书能显气质，我们普通人通过阅读和学习，同样能提升自己的气质。腹有诗书，不仅在知识上有所积累，还能提升内在修养，让我们在待人接物、言谈举止中表现出由内而外的自信和优雅。

书籍是人类最好的朋友。无论你身处何地，书籍都能带你遨游世界，领略不同的风景和文化。阅读不仅能开阔视野，还能陶冶情操，让你在纷繁复杂的现实生活中找到一片宁静的心灵港湾。书籍是改造灵魂的工具。

有些人对读书能提升气质产生怀疑，认为阅读只是增加了知识量，对提升气质没有直接的帮助。实际上，在阅读时，我们不仅能够吸收知识，还能培养思维方式、审美观念和价值取向。这些内在的提升，会通过我们的言谈举止表现出来，成为一种独特的气质。

比如，我们读一些哲学书，可以学会思考和反思，从而变得更加理性和深沉；读一些文学作品，可以感受到美和情感的力量，从而更加感性和温柔；读一些历史书，可以了解过去的经验和教训，从而更加睿智和成熟。

不仅如此，阅读还可以提高我们的语言表达能力。腹有诗书的人，往往能够在言谈中引经据典，妙语连珠，让人听起来如沐春风。而这种表达能力，能让“社恐”的人说话不再结巴，同时在社交场合或职场中，做到说话得体，慢慢打开心扉，与人熟络并交往。

阅读不仅仅是读书，还包括对生活的观察和思考。我们可以通过观察周围的人和事，学习他们的优点，反思自己的不足，从而不断提升自己。腹有诗书，不仅是读书的积累，更是生活的积淀。

所以要想提升自己的气质，我们不妨从阅读开始。无论是经典文学、哲学名著，还是专业书籍，都可以成为我们提升的工具。通过阅读，我们不仅可以增加知识储备，还能培养自己的审美情趣和思想深度。

没有德性的美貌，是转瞬即逝的；拥有一颗美好的灵魂，你的美貌是永存的。

无论何时何地，一个腹有诗书的人，都会在人群中闪耀出独特的光芒。毕竟，真正的气质不仅靠外表的装饰，最重要的是由内而外的优雅，让我们一起克服“社恐”，成为那个腹有诗书气自华的人吧。

4 良好的仪态举止

仪态和举止是一个人气质的重要组成部分。无论是站姿、坐姿还是走路的姿势，都能体现出一个人的修养。而“社恐”的人，遇到陌生人就出汗、心虚、紧张，在仪态和肢体语言上，显得无所适从。

如何解决这个问题呢？

那就是培养良好的仪态。

人，无论长相如何，如果总是含胸驼背、目光游离，给人第一眼的感觉就是猥琐。而一个站姿挺拔、目光坚定的人，给人第一感觉便是有力量。

英国的凯特王妃，她的仪态在任何场合总是优雅得体。这并不是与生俱来的，而是通过专门的礼仪训练和不断自我要求达到的。她的一举一动都展示出皇室的风范，这就是仪态的力量。

美不在颜色艳丽而在面目端正，又不尽在面目端正而在举止文雅合度。

你有一个商务会谈，遇到一个驼背、抖腿、吧唧嘴的人，即使他衣着得体，你也会感到十分粗鲁，不想跟他多交流，他的提案还没拿到你眼前，你就直接 Pass（英语，意为淘汰）掉了，因为你不想跟他多待一分钟。

人们在交流时，有超过一半的信息是通过肢体语言传递的。

驼背、抖腿、吧唧嘴，这正是生活中那些细微又能够一下子让人敬而远之的坏习惯！你是否有这些坏习惯呢？

孟子有一次回家，见妻子两腿分开坐在铺上，认为她的姿势很不雅观，所以想休了她。在孟母的再三劝告下，后来才打消了这个念头。不过这足以看出，中国作为礼仪之邦，对仪态非常看重。

良好的站姿和坐姿是仪态的重要组成部分。

正确的站姿是头部保持正直，双肩自然下垂，腹部收紧，双腿微微分开，重心放在两脚之间。这样的站姿不仅让你看起来更加挺拔自信，还能减少腰背部的压力，保持身体健康。

而坐姿同样重要。正确的坐姿是双脚平放在地面，膝盖与髋部成 90 度，背部挺直，双肩放松。这样不仅可以避免长时间坐姿引起的腰背疼痛，还能让你在任何场合都显得得体大方。

掌握良好的仪态和肢体语言，需要不断练习和进行自我意识的训练。可以通过以下几种方法来提升自己。

1. 镜子练习。每天花几分钟时间，对着镜子练习你的站姿、坐姿和微笑，观察自己的姿态和表情，不断进行调整和改进。

2. 录像回放。通过录像的方式记录自己在各种场合的表现，回放时注意自己的肢体语言和仪态，找出需要改进的地方。

3. 模仿学习。观察那些在仪态和肢体语言上表现出色的人，学习他们的动作和姿态，融入自己的行为中。

4. 专业培训。参加礼仪培训课程或请教专业人士，获得针对性的指导和训练。

当你掌握了良好的仪态举止，你再“社恐”，也会得到别人的帮助与赞许，你与他人的交流必然会更加从容。

想想那些国际巨星，无论是从容优雅的奥黛丽 · 赫本，还是气度非凡的马丁·路德·金，他们无一不是通过良好的仪态和肢体语言，传递出他们内在的信念和力量，所以他们能在人生道路上取得辉煌的成就。

拒绝“社恐”，就需要通过不断的练习来提升自己的仪态，展示自己独特的魅力，让自己的气质焕发出迷人光彩，塑造一个更加自信、优雅的自己。

5 声音的魅力——余音可以绕梁

最美妙的音乐并不在宗教剧里，而是在人的声音里，这种声音来自生活的温柔、理性或充满自信的语调。

有人说，你的声音藏着你的另一张脸，还有人说，你的声音是你灵魂的出口。

现在，声音是我们与世界交流的重要媒介。

有人一开口就能抓住所有人的注意力，他们的声音似乎带有一种魔力，让你不自觉地想听下去。

试想，一个战战兢兢、说话都打战的“社恐”人士，怎么能体现出他的魅力？

一个清晰、悦耳、自信的声音，可以为你赢得更多的机会，无论是在职场、社交场合，还是在个人生活中，你的声音可以反映出你的情感、态度和自信程度。

古人云：“言为心声。”那些著名的演讲者，像温斯顿·丘吉尔、奥普拉·温弗瑞等人，他们不仅靠言辞打动人心，那充满力量、富有感染力的声音，也给听众留下了深刻印象。

一个有魅力的声音，通常具备以下几个特质。

清晰：发音清晰，让人容易听懂。

悦耳：音质柔和，听起来让人舒服。

自信：语调坚定，传递出自信和力量。

变化：语速、音调有变化，不单调，能吸引听众的注意力。

韩娥是战国时期的韩国歌伎，她的歌声优美动人，能引起听众的极大共鸣。一次，她唱了一首悲伤的歌，方圆一里地的所有听众都流下了伤心的眼泪。她唱了很长时间，人们也跟着哭了很久，甚至忘记了饥饿。随后，她又开始唱欢乐的歌，原本哭泣的人们听了，立刻忘却刚才的忧伤，随着音乐的节奏高兴地拍起手来。她的歌声被形容为“余音绕梁”，一跃成名，即使她停止演唱，人们依然能感受到她的歌声在空中回荡。

白居易被贬后，在江州司马任上，偶遇一位弹琵琶的艺人，两人通过歌声相识，互为知音，聊以慰藉。“银瓶乍破水浆迸，铁骑突出刀枪鸣。曲终收拨当心画，四弦一声如裂帛。”那精彩的琵琶声令“东船西舫悄无言，唯见江心秋月白”，她的琵琶音打动了无数后人，从那凄哀婉转的琵琶声中，我们感慨世事，仿佛看到了怀才不遇的诗人与自己。

这就是声音的魅力。

一个好的演说者，无论是在工作会议、学术报告，还是在婚礼致辞上，言辞优美你早已忘却，而他们富有魅力的声音却给你留下无穷的回味。

“社恐”的人能练就有魅力的声音，就可以突破自我，脱颖而出，赢得更多的机会和尊重。

声音不是天生的，不是与生俱来的，通过不断努力练习，从而达到更加清晰、悦耳、自信的效果。

拒绝“社恐”，从你悦耳动听的声音开始，一开口的瞬间成为社交焦点，想想声音的魅力。

6 你的眼里有光吗——要有眼神戏

在人际沟通中，眼神的力量往往被低估，其实眼神是非常强大的社交工具。就像一部好电影，它的精彩瞬间，都是靠演员的眼神反射出精彩的光芒，传达出深刻的情感，让我们对电影镜头久久难以忘怀，而眼神有光的人，在人际交往中非常有优势。

我们不是演员，但我们的眼神也能传递出自信、关怀和真诚。

所以问问自己，在社交中，你的眼里有光吗？

"社恐"人士因为害怕，跟人交流时总是低着头，或总是用余光瞟对方，这样不仅不礼貌，同时眼里还无光，常让人产生误会，以为不在乎对方，让社交举步维艰。

我们的"社恐"人士要改变现状，一定要善于使用眼神，让你的目光坚定如炬，不管是跟一个人还是一百人说话，都要眼睛望着对方，千万别说几个字就把目光移到别处，哪怕面对成千上万的观众，都应自然地举目四顾，微笑着用目光照顾到所有的人，不要避开他们的目光，你的勇敢会让你轻松自若。

如果你说，我的眼睛太小，我不会化妆，我性格内向，我极度"社恐"，我长期戴眼镜……怎么会有光呢？

其实这些都是借口。

因为眼神里的光，是可以通过一些技巧，练就出来的。

1. 练习眼球转动。用目光上下左右转动眼球，然后画圆形，可帮助减轻眼部的紧张和疲劳。

2. 双眼闭合。每隔 20 分钟，将双手覆盖住眼睛并闭上，让眼睛休息 10 ~ 15 秒钟。

3. 开放式眼保健操。某些体育教练推荐开放式眼保健操，使眼周肌肉放松，来缓解眼睛的紧张与疲劳。

4. 调节屏幕。当使用电脑或其他数字设备时，请调整屏幕的亮度、对比度和色调，以减少对眼睛的刺激。

5. 多吃水果和蔬菜。含有丰富维生素 A、C 和 E 等营养物质的食物，对眼睛的健康有很好的帮助。例如，胡萝卜、菠菜、苹果和橙子等。

6. 定期做眼科检查。定期去眼科医院进行检查，以确保眼睛健康状况良好。

7. 保持足够的休息时间。长时间的工作和熬夜不仅会导致眼睛疲劳，还会引起眼袋和黑眼圈的产生，使眼神变得迷离无神。因此保持足够的休息时间对眼睛的健康和明亮至关重要。

8. 减少对眼睛的刺激。化妆品中的化学成分和空气中的污染物对眼睛有很大的刺激作用，容易导致眼部过敏和不适感。我们应该减少对眼睛的刺激，选择适合自己的化妆品，并注意保持室内空气的清洁，避免长时间暴露在空气污染严重的环境中。

拒绝社恐

眼睛是心灵的窗户，在眼里有光的情况下，你再好好运用眼神艺术，更好地展示自己的自信和真诚，目光炯炯不仅仅是外在的表现，更是内在气质的自然流露。当你学会了用眼神表达情感和关怀后，你的人际交往将变得更加自然顺畅。下次，当你面对别人又“社恐”时，不妨试着多用一点眼神“戏”，你和他人的互动会变得更加轻松和愉快。

第九章

避免错误的应对策略

由于热切想要躲避过错，我们走进了另一条死胡同，甚至陷入荒谬之中。

人们越是深入而彻底地去探讨一个命题，结果越是不可抗拒地陷入反命题的误区之中。

对于社恐人士而言，“社交”就是他们不可逃避的人生命题，如果一味沉迷于那些看似能带来短暂安慰的应对策略，只能是南辕北辙，适得其反。

1 与世隔绝，享受孤独

“社恐”的人躲在阴暗的角落里畏惧外面的世界，心理阴暗面笼罩心灵而忐忑不安，时常被噩梦环绕，自卑，紧张，在人生之路上徘徊，心理压抑郁闷，忧愁难以释怀，沉浸在个人世界中得过且过，时而狂笑，时而流泪，生命像断了线的风筝随风飘荡。他们无法与人正常交谈，把自己变成一座孤岛。

他们“社恐”，所以恐惧来自多方面，有来自经济生活条件的紧张，有事业落魄的狼狈，有爱情婚姻的打击，有家庭的不幸，也有求职工作难找的困惑……

这样的人对周围人的反应过度在意，让他们越来越不敢在人多的时候讲话，不敢发表独特的见解，每一次发言都只附和叫好，并且祈求别人对自己的语言做出反应。

很多“社恐”人士认为，我性格内向，不喜社交，与其跟纷扰的世界打交道，不如让我享受孤独。自此，白天睡觉，晚上码字，与外界沟通基本靠网线，每天聊得最多的人就是负责帮自己修改文章的编辑。处在一种相对封闭的环境中，每日与他们往来的都是相对熟悉的人，很少与陌生人接触。

拒绝社恐

如果任由孤独蔓延，就会进入这种不与人交往的舒适圈中，越来越不会和人打交道，导致最后害怕和人交往。

在这个世界上，真正可供我们选择的只有两条路，要么享受孤独，要么沦入世俗。

这两条路，实际上是一种人生的两种态度和选择。

“享受孤独”这一条路代表了独立思考和自我探索的态度。当我们选择孤独时，我们拥有了更多的自由和空间，可以深入思考自己的问题，追求自己的兴趣，探索自己的内在世界。

而“沦入世俗”则是另一种选择，它代表了一种融入社会和人群的态度。当我们选择这条路时，我们可能会获得更多的社交支持和满足感，可以更容易地融入社会，获得更多的资源和机会。

但是，“社恐”是这两条路的反面，他们既享受不了孤独，还不能沦入世俗，他们是生活中的孤岛，陷入不断否定自己的恐惧之中。

选择孤独并不意味着遗世独立、与世隔绝，而是在内心深处寻找属于自己的空间和时间，去思考，去发现，去创作。而选择沦入世俗也不是完全被物质和欲望所左右，而是要学会在人群中寻找自己的位置和价值，要学会与他人建立真实而深入的联系。

而“社恐”的人，沦入世俗自然做不到，但享受孤独也是难上加难，因为他们内心世界与世隔绝，是恐惧，是紧张，是担惊受怕，并且无法逃离孤独。

所以，“社恐”的人要正确认识自己和面对社会，有些恐惧是自己造成的，也有些是不以人意志为转移的其他因素，还有先天的不足造成从小的自卑、不合群内向的性格。

据世界卫生组织统计，社交恐惧症已经成为仅次于抑郁症和酗酒等世界第三大心理健康问题。

患有社交恐惧的人大多是那些渴望社交却又无法应对自如，渴望能够流利地在众人面前说话，却又无法通过努力战胜自己的人。

对“社恐”患者而言，“社恐”本身不可怕，由“社恐”所产生的自我否定、自我怀疑才可怕。“社恐”者面临的最大问题就是情感的封闭以及对自己的负面评价。

一个人成熟的标志之一，就是明白每天发生在自己身上 99% 的事情，对别人而言根本毫无意义。

你的失败或成功，对很多人而言都是无关紧要，如果你是敏感者或完美主义者，并且深陷“社恐”的泥沼，请把这句话牢牢记在心里。

我们“社恐”，但千万不要自欺欺人，认为孤独是成长的标志，“社恐”人士的孤独，是被世界遗忘的角落。偶尔的独处可以让你更好地审视自己，但长时间的逃避只会让你错失很多美好的机会。如果你一直选择逃避，那些可能改变你人生的人与事，就会与你擦肩而过！

孤独可以是灵魂的休憩之地，但生活需要的是交流和互动。

而对“社恐”人士来说，社交媒体的兴起成为逃避现实的好去处，他们沉迷于虚拟世界，躲在屏幕后面，不想面对真实的社交场合。

然而，这种虚拟互动是无法替代真实的人际关系的，长此以往，你会发现自己越来越孤独。

正如梭罗在《瓦尔登湖》中所说：“孤独是人类精神的养料。”适当的独处可以帮助你更好地审视自己，提升自我。

如果把“与世隔绝”当作人生格言，会让你渐渐丧失与他人交流的能力，变得越来越内向和孤僻。

没有人是与世隔绝的孤岛。

请你警惕人生中的“孤独状态”，它会摧毁你原本精彩的一生。

2 不良嗜好缠身，暂时寻找快乐

因为“社恐”而紧张失措的时候，你会不会来一根烟，或者小酌一杯，更甚者进行犯罪？

如果是的话，你可危险了！

研究发现，社交恐惧症患者常常通过吸烟、饮酒、吸毒来减轻焦虑。虽然可以充当临时的救命稻草，实际上是饮鸩止渴，如果长期依赖这种方式，会带来更严重的问题。研究表明，社交恐惧症患者的酒精滥用率是常人的两倍。

不可否认，人总有一些坏习惯，有些坏习惯让你一时感到快乐，但却在不知不觉中吞噬你的时间和精力。抽烟、酗酒、吸毒、熬夜追剧，这些短暂的快乐，往往让你在不久的将来付出更大的代价。

“坏习惯就像一张舒适的床，易于进入但难以摆脱。”

更糟糕的是，这些不良嗜好不仅影响健康，还会让你错失许多有意义的社交机会，甚至让你陷入自我毁灭的深渊。

研究“社恐”的专家发现，那些比较严重的“社恐”病患者更容易“吸毒”，他们想依靠“吸毒”这种特殊麻醉心灵的东西，来安慰自己，因为毒品会让人产生虚幻、舒坦的感受，让一切的烦恼都得到解脱，感觉飘飘欲仙。

珍妮·罗森[①]，1973 年出生于得克萨斯州，她的父亲开了一家小店，专门制作和出售动物标本。

小时候，有一次珍妮正在玩过家家，父亲打开了一个饼干盒，盒里有一只小松鼠。珍妮兴奋得手舞足蹈。父亲告诉她，这只松鼠会说话，随后他就装模作样地开始和小松鼠聊天。

当她顺着小松鼠的身体往下看时，猛然发现，小松鼠的身体里藏着一只大手——那是父亲的手！原来，那是个动物标本！此时，珍妮吓了一大跳，觉得自己受到了愚弄。直到多年后，她还对这件事耿耿于怀。后来她写道：童年受到十分钟的伤害，很可能需要一年时间来治愈。珍妮的父亲脑子有点缺弦，这给她带来了许多的心理伤害。

珍妮在家里得不到温暖，而在学校里，她的处境就更悲惨。在班上，她是老师和同学眼里的神经病，各种嘲笑一筐接一筐地往她怀里塞，这让本就自卑的珍妮变得更为自卑。

珍妮初中毕业后辍学，没有朋友，没有聚会，也没有社交，她无法像正常人那样与人交流。她有严重的社交恐惧症，一旦接到聚会邀请，她总是能推就推，这让她痛苦不堪。

她开始酗酒、吸毒、看黄片，一身夸张的朋克装扮，像极了女版古惑仔。

① 此故事来源于珍妮·罗森的文集《开心坏了》。

这样虚度了几年，二十岁的珍妮去书店看书，遇到了维克托，两人一见钟情，迅速陷入爱河。

两人谈了一段时间恋爱后，维克托就邀请珍妮去他家做客，珍妮硬着头皮答应了。

珍妮不断给自己打气，希望自己能表现得正常些，好顺利通过准婆婆这一关。

然而，珍妮越是小心，就越容易出差错。进了维克托家以后，维克托的母亲请珍妮在沙发上落座，珍妮也没客气，一屁股就坐在沙发上，并且很自然地往靠垫上一靠。不料，她靠靠垫的这个举动立马吓坏了一旁的维克托，他赶忙凑到珍妮跟前，小声告诉珍妮，在他们家沙发靠垫只是装饰物，不能真靠。

维克托的话让珍妮大惊失色，她赶紧挺直了腰板。这时珍妮才知道，原来在富人家坐沙发有这么多讲究。过了一会儿，维克托的母亲起身去厨房拿饮料，此时珍妮再也坚持不住了，她盘腿坐在了地上，还嚷嚷说维克托家规矩太多，他俩不合适，还是分手吧，吓得维克托赶忙给她赔不是。可以看出，维克托很爱珍妮，无论她怎么怪异，他都能包容她。这就是真爱。

然而，自从遇到维克托以后，她彻底想通了，世界上没有两片完全相同的叶子，与众不同并不是坏事，最重要的是让自己开心，做人没必要为了迎合别人而改变自己。

一年后，珍妮答应了维克托的求婚。

对于珍妮来说，维克托不仅是丈夫，也是贵人。认识维克托以后，珍妮心中有了爱，彻底改变了她的人生，她不再酗酒、吸毒。此后，珍妮从倒霉蛋变成了幸运儿。在维克托面前，珍妮从不担心会被嘲笑，她可以尽情地做自己。从珍妮的爱情故事里，可以发现，真爱是彼此接纳，彼此包容，彼此陪伴。

酗酒、吸烟虽然是在短时间内的一种逃避现实的方式，但它们的长期影响是毁灭性的。

所以，要从社交恐惧症里逃离出来，要心中有爱，对生活充满向往，若同时能找到自己的真爱，你也能像珍妮一样幸运。

3 不断贬低自己，掩饰尴尬

在一个社交场合中，面对一场小小的尴尬，你情不自禁地开始自我贬低，“我真菜”“我不行，还是得看你们”。

这种行为根植于自卑，形成了一种下意识的习惯。它就像是给自己贴上一个“无害”的标签，试图让别人对自己心生怜悯，减少攻击。

但过分的自卑是一种骄傲的表现。

你认为自己是场上最出彩的那个，但因为“社恐”发挥失常，所以先贬低自己，试图掩饰尴尬，起码还能获得一些朋友的安慰，聊以慰藉。

贬低自己是一种常见的自我保护机制。当我们在社交场合中感到不安或尴尬时，往往会选择先贬低自己，以试图降低别人的期望，从而减少被批评或攻击的风险。我们通过提前声明自己的不足，像是在为自己可能出现的错误打“预防针”。

这种自我贬低的方式，似乎是一种掩饰失败的策略，但它不仅不会真正解决问题，反而会让你陷入更深的困境。它只会加深你的自卑感，并影响别人对你的看法。

一个总对你说“我不行”“我没用”的人，即使他再厉害，你也不敢让他出席重要场合，长此以往，他也许会真的越来越平庸。

如果你对自己都不抱希望，别人怎么会对你抱有期待呢？

正如我们经常所说的：“自己都看不起自己，别人怎么会看得起你呢？”

自我贬低不仅无法解决问题，反而会对你的人际关系产生负面影响。频繁的自我贬低会使你在他人眼中显得更加软弱无力。这种负面的自我形象，往往让别人对你的能力和价值产生怀疑。长时间的自我贬低会逐渐侵蚀你的自信心，让你在社交场合中变得更加退缩和不自信。

这是一种恶性循环：你通过贬低自己来试图缓解不安，反而让你陷入更深的自我怀疑之中。当你一遍遍地贬低自己时，你的自信心逐渐瓦解，甚至可能形成一种被动接受失败的心态。

自我贬低看似是一种自我保护的策略，但实际上它只是掩饰内心不安的一种短视做法。

要真正解决问题，你需要通过正视错误、提升自信和保持积极的心态来面对挑战。学会用健康的方式处理社交中的尴尬，不必自我贬低，而是要勇敢地展现出最好的自己。

当你觉得自己要低调得像一碗白开水时，你会习惯性地屏蔽身边朋友的冷嘲热讽。你会下意识地通过贬低自己来降低被攻击的风险——提前声明自己不够完美，好像这样别人就不会再找碴了。

你不停地说自己不行，反而会让别人觉得你很可怜，不值得被看重。用自贬的方式来请求别人对你“放过”，其实就是在把自己弄成小丑。

事实上，你不贬低自己，也没有人会来攻击你。

所以以后和别人交往时，别再用贬低自己来寻求所谓的“舒适感”。保持真实的自己就好，不必过于自卑。

自我贬低，就是对自己的PUA（精神控制）。不要让自己打败自己。

4 假装冷漠，疏离他人

有句话说得好，假装冷漠的那一方，往往是因为太在乎对方。

你不一定在乎对方，但你一定在乎对方对你的评价。

“社恐”的人很容易被人说成“高冷”，其实他们只是无奈，不敢打招呼罢了。

若不是实在害怕，谁愿意戴上冷漠的面具？

假装冷漠是一种试图控制情绪的防御机制。你在社交场合中故作镇定，表现出对他人和周围环境的漠不关心。这种做法的初衷是为了避免情感上的伤害，试图通过保持冷静避免自己受到批评或拒绝。

但实际上，内心的焦虑和不安并没有真正得到解决。

甚至有时你的“冷漠”反而让人认为，你有格格不入的性格，让人有更多的猜测与议论。

你所表现的冷漠态度也会让别人感到被拒绝或不被欢迎，从而导致他们对你产生疏离感。冷漠掩盖了你对社交的真正恐惧和不安，阻碍了你在社交中的成长。

要知道，社交是一个不断学习和成长的过程，通过与他人的互动，你可以提高自己的沟通能力和情感智力。如果你总是保持冷漠，会让他人更加难以靠近。

那如何撕破“高冷”的标签？

1. 学会以开放的心态面对他人和社交场合。即使感到不安，也要尝试主动与他人交流，展示真实的自己。通过主动沟通，你可以逐渐打破内心的隔阂，建立更深厚的关系。

2. 发展同理心，学会理解他人的感受和需求。通过关注他人的情感状态，你可以更好地回应他人，从而提高人际关系的质量。

3. 尝试逐步放下内心防备，勇敢地面对自己的情感。通过一些小步骤来降低防备心理，比如，在社交场合中主动打招呼或参与对话。逐步放下内心防备，可以帮你更自然地融入社交环境。

4. 如果你发现自己难以克服冷漠的行为，可以寻求专业帮助。心理咨询师可以帮助你深入探讨内心的恐惧和不安，给你提供有效的应对策略。

5. 与他人建立信任关系，逐步增加情感交流的深度。信任是建立良好人际关系的基础，通过与他人建立信任，你可以减少冷漠的表现，增强情感的联系。

朱尔·勒纳尔曾说，傲慢、沉默的表情欺骗不了我们：这是胆怯的表情。这句话简直是一针见血。

真正的情感交流和互动是建立和维持良好关系的关键，冷漠只会让你在社交中感到更加孤立。

5 无法拒绝突然的热情

真正的友情向来波澜不惊，不温不火，一如既往地保持着一种温度。对待朋友，要保持一种平和心态，若许久不联系的朋友突然频繁地给你打电话，这就需要引起警觉。

“社恐”的人往往比较孤独，容易被误解，所以一遇到友善相待的朋友，恨不得把心掏出来给对方。

有一句话完美描写了“社恐”者的心理：“你一有爱，你就会想为对方做些什么，你想牺牲自己，你想服务。”

用真诚回馈真诚当然没问题，但如果你和某人只是普通朋友，虽然也一起吃过饭，但还谈不上交情；如果你和某人曾是好友，但有一段时间未联络，感情似乎已经淡了……

对待这样突然热情的朋友，你要保持高度警惕。他可能有求于你。

也许你并不计较这种“有求”，你甚至觉得“有求”让自己感到“有用”，如果你这样想，就陷入了讨好别人的圈套中。

讨好别人会让你一步步降低底线，吃力不讨好。真正的朋友应当是无条件支持你的，而不是在你感到被利用时才热情，即使你渴望一段关系，也不应该建立在伤害自己的基础上。

要分析这种“友情”是否含有“企图”并不难，看看自己目前的状况，是否握有资源，如有权有势？如果是，那么这个人一定对你有所企图，想通过你得到一些好处；如果你无权也无势，但是有钱，那么这个人有可能会向你借钱，甚至骗钱；如果你无权无势又无钱，没什么好让别人求的，这突然升高热度的友情基本上没有危险——但也有可能“项庄舞剑，意在沛公”，是想利用你这个人来帮他做些事；或是重点在你的亲戚、朋友、家人，而你只是他过河的踏脚石。

从自己本身的状况检查这突然升高热度的友情真的有没有“危险”之后，你的态度仍要有所保留，因为这只是你的主观认定，并不一定正确，所以面对这突然升高热度的友情，你要做到以下几点。

1. 不推不迎。“不推”是不回绝对方的“好意”，就算你已经看出对方的企图也不要立即回绝，否则很可能得罪对方；但也不可迫不及待地迎上去，因为这会让你抽身不得，抽了身又得罪对方，把自己变得很被动。不推不迎就好比男女谈恋爱，回应得太热烈，有时会让自己迷失，若突然斩断“情丝”，则会惹恼对方。

2. 冷眼以观。“冷眼”是指不动情，因为一动情就会失去判断的准确性，此时不如冷静地观看他到底在玩什么把戏，并且做好防御，避免措手不及。一般来说，对方若对你有所图，都会在一段时间之后“图穷匕见”，显现他的真正目的，他不会跟你长时间耗下去的。

3. 礼尚往来。对这种友情，你要“投桃报李”，他请你吃饭，你送他礼物; 他帮你忙，你也要有所回报，否则他若真的对你有所图，你会“吃人嘴软，拿人手短”，被他牢牢地控制住，想要临阵脱逃？恐怕没那么容易。

即使渴望友谊，也要有一定的提防之心。

“社恐”的人总是过于关注他人的感受，生怕自己的拒绝会让对方感到被拒绝或受伤害，很害怕与他人产生冲突或不愉快。

但要知道，你自己才是最重要的。

对于“社恐”者来说，很重要的一点就是明确自己在社交场合中的舒适范围，并学会设定健康的界限，很多焦虑正是源于有害的边界。

6 过度准备，追求完美主义

从今天开始，请你抛弃完美主义的追求。

英国前首相丘吉尔曾当过兵，当时征兵是要考试的。

考试要求按照抽中的题目绘制一个国家的地图，丘吉尔在考试前一天把写有所有国家的字条放进帽子里，然后随机抽选。

丘吉尔抽中了“新西兰”，他就在前一天晚上把新西兰的地图背得滚瓜烂熟。

没想到，第二天考卷的第一题就是绘制新西兰地图，于是他神奇地通过了考试。

而当时，许多名次在丘吉尔前面的人都没有通过考试，他成了那个“运气爆棚”的人。

你可能觉得他们都是运气好，但事实上，成功没有偶然，正是他们“放过自己，毫不内耗”的态度赢得了一切。

所以你看，成功不需要完美主义。

人生也一样，抱着随性宽松的态度，相信我，你能活得更加轻松。

在社交恐惧症的阴影下，过度准备和完美主义往往成为我们心灵的枷锁。你为了不犯错误、展示完美的自己，反复排练，细致准备每一个细节。然而，这种过度的准备和追求完美不仅难以真正解决你的社交焦虑，还可能让你陷入一个无法自拔的陷阱中。

难道只有通过详细地准备和排练，才能够避免在社交场合中的尴尬和失误吗？

其实，过度准备反而会使你在完成任务时变得更加缓慢。你可能会因为对细节的过度关注而浪费大量时间，从而影响整体的效率和生产力。最终导致你在完成任务时更加疲惫和沮丧。

这种过度准备是对自己不自信的表现，你担心自己的真实能力无法满足期望，因此选择通过极端的准备来弥补自己的不安。这样还可能让你陷入焦虑的恶性循环中。每一次准备和排练都让你更加担心潜在的问题，从而进一步加重了焦虑。

完美主义的思维方式会让你对失败和错误过于敏感，犯错和失败是成长的重要组成部分，过度的完美主义只会阻碍你的进步。

过度的准备和完美主义不仅影响你的工作效率，还可能影响你的人际关系。你可能会因为对自己和他人的高要求而变得苛刻，导致与他人关系的紧张和不和谐。别人会觉得你过于挑剔，进而疏远你。

下一次，放弃完美主义，为自己设定切实可行的目标吧！

只有认识到完美是不可能实现的，并接受自己的不完美，你才能从中学习和成长。

苦求本身十全十美的人，那份认真强求，就是人格的不完美。

完美本身，就是个悖论。

7 一蹴而就，毕其功于一役

真正“社恐”的人都知道，“社恐”焦虑并非一日之功，而是多年累积下来的结果。

就像罗马城不是一天建成的，“社恐”也不是一朝一夕就形成的。很多“社恐”患者从小学那会儿，上课举手就得鼓起十二分的勇气；到高中时期，被老师点名回答问题时，心脏都要跳出嗓子眼儿；再到后来，大学里见到“最熟悉的陌生人”恨不得找个地缝钻进去，上班开个会脸也会红得像番茄。

这就像《红楼梦》里的林黛玉，初入贾府，虽然弱不禁风，也不至于一命呜呼。但就在无数次的冷眼和嘲笑中，她那种独特的生命力与谁也不服的韧劲被磨得一干二净。

所以，治疗“社恐”不是一时半会儿的事，而是一场漫长的心理拉锯战，想要克服积累已久的焦虑，并不能一蹴而就。我们得学会在这场战斗中找到自己的节奏，找到让自己放松的方法。

这也是很多人的问题，他们在克服“社恐”的过程中，总是一开始兴致勃勃，但没坚持几天，遇到一点儿困难就放弃了。就像减肥，刚开始充满干劲，制订了详细的计划，甚至买了最新的运动装备，但过了几天，肌肉酸痛，体重没减反而上升，顿时觉得心灰意冷，冰激凌和炸鸡又成了他们的美食。

如果你在改善“社恐”之路上也是如此，以下几个问题你得认真思考。

你的计划是不是太不切实际？

你每天给自己设定的任务是不是太多了？

你是不是期望在几天内就能做出改善？

是不是只有得到别人的夸奖，你才能坚持下去？

事实上，无论想要克服的是“社恐”还是其他坏习惯，最忌讳的就是毕其功于一役的心态，你应该在意的是“质量”而非“数量”，否则你一定会陷入绝望。换句话说，关注每一次进步的实际效果，而不是在乎你一天做了多少次尝试。否则，你很可能会自我怀疑，觉得永远无法战胜这个难题。

就像你读完这本书，也许会有很多想法，你可以把它们整理起来，但不要妄想一天尝试所有方案。如果你试图在一天之内完成所有的锻炼计划，学习所有的社交技巧，那只会让你疲惫不堪，最终放弃。

正确的做法应该是选择其中感兴趣的一条，尝试过后，有所进步，再循序渐进。

代达罗斯是一位杰出的工匠，他和儿子伊卡洛斯被囚禁在克里特岛的迷宫中。为了逃脱这座困住他们的迷宫，代达罗斯利用羽毛和蜡为自己和儿子制造了一对翅膀。他们的计划是飞离这座孤岛，重获自由。

在启程之前，代达罗斯严肃地警告伊卡洛斯：“孩子，飞行时不要太靠近太阳，蜡会融化；也不要飞得太低，海水会浸湿羽毛。保持中庸之道，这是我们成功逃脱的关键。”

然而，伊卡洛斯被飞行的快感和自由的诱惑冲昏了头脑，在空中翱翔时，他逐渐忘记了父亲的警告，越飞越高，直冲云霄，想要接近那耀眼的太阳。

这种“一蹴而就”的心态使伊卡洛斯忽视了必要的谨慎和耐心。他渴望在短时间内达到最高的高度，体验到极致的自由。当他飞得太高时，太阳的热量融化了翅膀上的蜡，羽毛一片片脱落，伊卡洛斯失去了飞行的能力，最终从高空坠落，落入大海，生命也随之终结。

这就是急功近利的危险。就像伊卡洛斯希望迅速飞到最高点一样，我们在追求“社交”的自由时，往往也会有一蹴而就的冲动。这种急切的心态往往会让我们忽略过程中的风险和挑战，最终导致失败。

急于求成，忽视过程中的细节和潜在的危险，只会让我们像伊卡洛斯一样，付出惨痛的代价。

要记住，如果你真的想要克服“社恐”，你的计划应该以月或年来衡量，而不是以天为单位来攻克“社恐”。

人生没有一蹴而就，只有厚积薄发！

在克服“社恐”这条路上也一样！